A ORAÇÃO DE JESUS

COLEÇÃO ESPIRITUALIDADE BÍBLICA

- *A liberdade cristã*, José Comblin
- *Jesus, enviado do Pai*, José Comblin
- *O Espírito Santo no mundo*, José Comblin
- *A oração de Jesus*, José Comblin

JOSÉ COMBLIN

A ORAÇÃO
DE JESUS

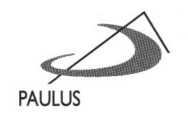

PAULUS

Direção editorial: *Zolferino Tonon*
Assistente editorial: *Jacqueline Mendes Fontes*
Revisão: *Thiago Augusto Almeida Passos*
Thiago Augusto Dias de Oliveira
Diagramação: *Ana Lúcia Perfoncio*
Capa: *Marcelo Campanhã*
Impressão e acabamento: PAULUS

Dados Internacionais de Catalogação na Publicação (CIP)
(Câmara Brasileira do Livro, SP, Brasil)

Comblin, José
A oração de Jesus / José Comblin. — São Paulo: Paulus, 2010.
— (Espiritualidade bíblica)

ISBN 978-85-349-3095-6

1. Espiritualidade 2. Oração de Jesus 3. Presença de Deus
4. Vida espiritual – Cristianismo
I. Título. II. Série.
09-05815 CDD-242.72

Índices para catálogo sistemático:
1. Oração de Jesus: Teologia devocional 242.72

2ª edição, 2010

© PAULUS – 2010
Rua Francisco Cruz, 229 · 04117-091 São Paulo (Brasil)
Fax (11) 5579-3627 · Tel. (11) 5087-3700
www.paulus.com.br · editorial@paulus.com.br

ISBN 978-85-349-3095-6

PREÂMBULO

As quatro meditações que apresento abordam a oração de Jesus. Esse assunto foi bem delimitado. Não quisemos tratar da oração que Jesus nos ensinou, porque a oração do *Pai Nosso* merece, por si só, um volume de meditações; e os ensinamentos de Jesus sobre a oração, mais um volume. Aliás, existem ótimos comentários do *Pai Nosso* à disposição dos cristãos de hoje. Porém, os comentários sobre as orações que o próprio Jesus pronunciou são mais escassos.

As orações de Jesus são poucas. Contudo, elas constituem pontos altos da mensagem evangélica. Não é necessário insistir na sua importância como normas da oração cristã. Poderia existir modelo mais excelente de oração para todos nós do que a oração do Mestre?

Essas orações, sem dúvida, levantam um problema histórico. Não podemos garantir com argumentos históricos que elas tenham sido pronunciadas literalmente tal como são apresentadas. Mas essa literalidade não é necessária. Sabemos que ninguém poderia ter inventado nem o estilo nem o conteúdo das orações de Cristo. Os redatores escreveram-nas a partir da experiência que tiveram do próprio Jesus.

As orações revelam-nos alguns aspectos da humanidade de Jesus: mostram-no totalmente humano. A exegese cristã tem por dever insistir nela, porque é justamente essa humanidade que separa o cristianismo de todas as mitologias e religiões inventadas pelos homens. Os leitores que quiserem meditar ao mesmo tempo a divindade de Jesus podem consultar o livro publicado sobre esse mistério: *A ressurreição,* de minha autoria (São Paulo: Herder, 1968).

À medida que a nossa época está passando por uma fase de secularização, podemos dizer que há uma crise de oração. De qualquer modo, não sairemos da crise pelo apego angustiado a usos e costumes tradicionais ou a formulários de outros tempos e, sim, pela volta às origens da oração cristã, pela volta às fontes e ao essencial.

I.
"MAS, O QUE TU QUERES"

As tradições evangélicas mais antigas referem-nos apenas dois exemplos da oração de Jesus, ambos no contexto da paixão e da morte. O primeiro coloca-se no início da paixão e o segundo no fim; o primeiro no jardim denominado Getsêmani, o segundo no Calvário. Essa colocação não pode ser arbitrária. Claro está que, de acordo com a tradição evangélica, há uma relação íntima entre a oração de Jesus e o acontecimento em que se situa. Portanto, podemos afirmar que a oração e o acontecimento se iluminam mutuamente.

Vejamos primeiro a oração do Getsêmani. "Chegam então a uma propriedade denominada Getsêmani, e diz aos discípulos: 'Sentai-vos aqui, enquanto vou rezar'. Toma consigo Pedro, Tiago e João e começa a sentir pavor e tédio. E diz-lhes: 'Minha alma está a morrer de tristeza; ficai aqui e vigiai'" (Mc 14,32-34).

Vigiar

Esta é a oração da vigília. Ela se realiza antes do acontecimento, porém de modo tão intimamente unido ao próprio acontecimento que se pode dizer que faz parte dele. Como é que a oração e o fato se vinculam assim de modo tão estreito? É a primeira consideração que devemos fazer.

Muitos acham que a oração e a história não somente caminham independentemente uma da outra, mas também se excluem. De fato, muitos fenômenos contribuem para tal opinião. Quase sempre, nas religiões orientais, que mais desenvolveram a sua arte e a sua prática, a oração consiste num relacionamento com deuses ou forças situadas fora deste mundo e indiferentes ao desenrolar dos acontecimentos. Entrar em estado de oração consiste então em sair da história deste mundo, tornar-se distante ou insensível ao contingente que sucede na vida e recordar as verdades eternas, as realidades imutáveis para contemplá-las ou interpelá-las. E, pelo menos à primeira vista, a experiência superficial da oração dos religiosos, dos contemplativos de modo particular, mas também dos cristãos piedosos, parece confirmar que a diferença não é muito grande entre as antigas religiões orientais e o catolicismo dos nossos dias.

Há o caso daqueles que procuram na oração um refúgio fora e longe da marcha concreta dos acontecimentos, porque foram atingidos e feridos por eles. De fato, muitos recorrem à oração depois de terem sido derrotados pela vida, quando já não encontram recursos em si mesmos ou ao seu alcance. São os que rezam depois de consumado o fato: Jesus rezava antes. Ora, já que não rezaram antes, é muito provável que a oração feita depois permaneça inútil, ou seja, até nociva. Por não terem rezado antes, eles não puderam entrar na marcha do Reino de Deus e viver os acontecimentos dentro dessa marcha. A oração feita depois da ocorrência procura mais vezes neutralizá-la, exorcizá-la ou recuperá-la. Diante do acontecido: uma desgraça, uma doença, uma derrota, uma humilhação, uma frustração, a pessoa se sente desamparada e suplica a um deus que suprima, anule o acontecido ou mude o rumo em vista de uma vantagem posterior. O que se pede à força sobrenatural é que não tenha acontecido o que aconteceu. Eles queriam que um deus fizesse a história voltar atrás, apagando assim o mal que os afetou. Essa oração corresponde ao grito de um animal ferido. A faculdade de fantasia confere à pessoa ferida a possibilidade de expressar o grito na forma de apelo a uma força eventual que a imaginação coloca diante dela. Essa fantasia, porém, não muda radicalmente a qualidade do grito. O grito é humano, demasiado humano, mas de uma humanidade superficial. Essa oração impede a verdadeira oração de Cristo.

Essa forma de oração é bastante comum na vida das massas e espontânea em cada um de nós, pelo menos em certas ocorrências totalmente imprevistas e na forma de reflexos incontroláveis: caso de desastre, acidentes de todo tipo, terremotos e outros desastres naturais, raios, quedas, emergências diversas, insegurança, assaltos, tiroteios etc. Não vamos nos deter nessa forma de oração.

Além do caso da oração que vem depois do ocorrido, a experiência do mundo religioso mostra-nos exemplos de vidas de oração que, aparentemente ao menos, nunca interferem com a história exterior. Nessas vidas, a oração se desenrola segundo ritmos próprios que as ocorrências do mundo não afetam. O conteúdo da oração se relaciona com realidades independentes dos objetos exteriores. A pessoa religiosa parece rezar para executar uma tarefa imposta por um mundo paralelo. Essa tarefa não parece ter significado neste mundo. Para compreender o seu valor seria preciso entrar no outro mundo e sair deste. No outro mundo, os acontecimentos deste se tornam insignificantes. E os verdadeiros acontecimentos seriam as celebrações, os ritos, as orações. Assim, as religiões inventaram um verdadeiro mundo dos deuses e dos espíritos. Nesse mundo existem acontecimentos próprios, invisíveis aos olhos carnais. Os rituais permitem às pessoas iniciadas uma participação nos acontecimentos invisíveis. Assim, o coro dos monges seria uma participação no caso dos anjos e os ciclos litúrgicos – ciclo de cada dia, de cada semana, de cada ano – acompanhariam as realidades sobrenaturais. A repetição cíclica seria o modo humano de assumir os fatos eternos dos deuses: a pessoa seria chamada a celebrar por uma repetição sem fim alguns acontecimentos celestes.

Certas tradições cristãs parecem ter adotado essa existência paralela das religiões antigas. A oração que é simplesmente cumprimento do ciclo – de cada dia, cada semana, cada ano – entra na categoria da celebração. Em certas tradições religiosas cristãs, o nascimento e a morte de Jesus, a Páscoa e Pentecostes, a eleição e a missão dos apóstolos, o batismo ou a transfiguração de Jesus são acontecimentos que saíram deste mundo e entraram numa epopeia eterna: são realidades celestes, já deixaram de ser parte da nossa história. Não precisam ser compreendidos na trama de nossa história política, econômica ou cultural: precisam ser apenas celebrados. A Páscoa transformou-se num acontecimento celestial, objeto de uma aclamação angelical à qual os homens precisam associar-se cada dia, cada semana, cada ano. O sentido dessa Páscoa transformou-se num acontecimento celestial, objeto de uma aclamação angelical à qual as pessoas precisam associar-se a cada dia, a cada semana, a cada ano. O sentido dessa Páscoa foi determinado para sempre por textos litúrgicos imutáveis. Basta reler esses textos para recordar o significado que eles contêm. A Páscoa é algo imóvel, tão imutável como o próprio ciclo litúrgico. Nesse caso, celebrar a Páscoa é esquecer-se das coisas que ocorrem e passam neste mundo para entrar num acontecimento de outro mundo que não passa e se desenrola sempre da mesma maneira. Assim, a pessoa pode ter a impressão de viver livre das contingências deste mundo, das circunstâncias imprevistas, desagradáveis, surpreendentes, muitas vezes deprimentes ou insignificantes de um mundo desencantado, para entrar num mundo estável, cheio de significados, um mundo em que tudo fica em ordem no seu lugar.

Nenhuma oração cristã se reduz exclusivamente a esse esquema. Porém, existiram e ainda existem muitas realizações em que a força desse esquema pesa sobre o dinamismo espiritual e reprime a verdadeira oração cristã.

A oração que consiste em viver numa existência paralela, fora deste mundo variável e frágil, pode dar segurança, tranquilidade, paz interior, ânimo para o trabalho, mas ela pode também, em outros casos e momentos, engendrar um aparelho de escravidão mais sutil e insinuante do que a escravidão material, porém igualmente ou até mais implacável, exigente e destruidor da liberdade. Há momentos em que o mundo paralelo faz sentir a sua pouca consistência, ou em que o mundo material e concreto – o mundo visível – se manifesta como sedução ou atração.

A verdade da pessoa, de qualquer forma, é a condição de enviado ao nosso mundo visível durante determinado número de dias e anos antes de entrar num mundo diferente. Portanto, desqualificar este mundo para tentar viver em outro é uma grande alienação.

Que a oração seja uma atividade alienante é a convicção da sociedade secularizada de hoje. Esta desistiu da oração por achar que ela não influi nos acontecimentos desta terra. Diante de uma oração sem História, ela criou uma História sem oração. Na mente das pessoas secularizadas de hoje, tudo é profano no mundo e na História do mundo. Os acontecimentos procedem uns dos outros. O que acontece agora é o resultado daquilo que aconteceu anteriormente. Em geral, acham normal que os acontecimentos futuros manifestem a mesma regularidade. Elas apelam para a objetividade, a decisão, a responsabilidade; porém, a oração não tem lugar numa cadeia de acontecimentos que parece racional, homogênea, consistente. Esvaziaram a História de qualquer referência divina.

Ora, entre a secularização da História e a oração fora do mundo, há cumplicidade de fato, embora involuntária. A oração de Cristo é um fato que condena tanto a primeira como a segunda.

Na marcha do Reino de Deus, sucedem acontecimentos cheios de novidade; e os Evangelhos no-los mostram mediante casos exemplares. O primeiro é a morte de Jesus. Essa morte deriva de toda a história concreta do povo de Israel. O conflito com a organização social e religiosa de Israel, que tanto se afastou das suas origens, era inevitável. Ou Jesus renunciava a sua mensagem ou ia ser condenado à morte. O conflito com o Império romano era também inevitável. Jesus representava um perigo para a paz do Império.

Jesus viu-se diante da necessidade de escolher. Ele podia fugir ou esconder-se e renegar o anúncio do Reino de Deus. Já não havia mais tempo para adiar a escolha: os acusadores estavam aí.

Jesus não inventou a própria morte: ela estava inscrita no dinamismo da realidade política, econômica, social e cultural dos judeus e dos romanos. Jesus bem sabia desde o início que o conflito era inevitável e que estava preparando pela sua atuação uma reação violenta que só podia terminar com a sua morte. Assim mesmo nunca os seus adversários puderam desviá-lo da missão que tinha recebido e aceito.

Chegava o momento do desfecho. Tudo estava preparado. Era a hora do conflito total e radical entre um mundo apegado ao seu passado, incapaz de se reformar, e o anúncio da chegada do Reino de Deus como futuro da humanidade. A escolha de Jesus estava cheia de significado. Ou ele perseverava anunciando o Reino de Deus e morria. Ou fugia e ficava calado, e já não haveria Reino de Deus. Jesus foi ao encontro da morte sabendo muito bem o que estava em jogo.

Jesus teve que decidir com plena consciência e a sua escolha ia ser o passo definitivo na chegada do Reino. Toda a sua missão estava em jogo: ou ser fiel a ela, ou trair. Mas o preço da fidelidade era a condenação e a morte.

Se Jesus tivesse morrido num desastre – a queda de uma árvore, o naufrágio de um barco no lago de Genesaré, ou a espada de um assaltante e assim por diante –, sua morte não teria sido um acontecimento do Reino de Deus; pelo menos não teria sido com a plenitude de significado que queremos evocar aqui.

Sem Pilatos e sem Caifás, o significado da morte de Jesus não teria sido manifesto. Sem a total liberdade de Jesus e sua plena consciência, a sua morte também não teria recebido esse significado.

13

Essa morte de Jesus, morte na cruz, ilumina toda a missão do profeta de Nazaré. Mostra que Deus quer uma nova humanidade e está decidido a realizá-la apesar da resistência de todas as forças de inércia que há no mundo atual. Jesus confia no Pai e sabe que toda a sua vida e sua morte têm um significado e são passos para a chegada do Reino.

Podemos imaginar em parte por analogia o que significou a aceitação da morte por Jesus, lembrando o que aconteceu com tantos mártires e tantas pessoas perseguidas por terem entrado no mesmo conflito de Jesus diante do mal existente no mundo.

Os discípulos de Jesus sabem pela fé que estão implicados na conquista do Reino de Deus, sabem que, por isso, vão entrar em conflito com todas as forças dos sistemas estabelecidos na política e na religião. Sabem que toda a sua vida está implicada num conflito. Sabem que em casos-limites esse conflito pode levar à condenação, à perseguição e à morte. Sofrem, gemem, gritam de dor, mas não querem desistir, não querem trair uma vez que descobriram que o Reino de Deus estava caminhando.

Os discípulos de Jesus não procuram refúgio num mundo religioso, paralelo a este mundo, um mundo em que não há perigo. Foram enviados para este mundo contingente com toda a sua história e todos os seus dramas, também com todas as suas esperanças e angústias. Todos os atos da missão entram na trama contingente da História visível do mundo exterior e pretendem agir nesse mundo exterior, transformando-o. Todos requerem também uma participação humana plena, um verdadeiro compromisso. O Reino de Deus não cai do céu, nunca é o produto de forças celestiais capazes de prescindir de uma atuação humana. Os atos do Reino de Deus são atos aos quais a pessoa se compromete totalmente; sem isso, não existiria o Reino de Deus.

Daí o lugar da oração: a participação da consciência humana no acontecimento da vinda do Reino de Deus. Judeus e romanos preparam a morte de Jesus. De fato, eles já se haviam preparado muito antes que Jesus nascesse; o imperialismo romano e o farisaísmo, combinados com o senso político dos anciãos e dos sacerdotes, são disposições que requerem muito tempo e continuidade. Dentro do plano de Deus, essa história e a pessoa de Jesus deviam ser confrontadas um dia; do encontro sairia a morte de Jesus, e desta a origem de um povo novo.

Mas era preciso que Jesus assumisse conscientemente esse destino, essa morte. Este foi o objeto da oração, da oração de vigília, a primeira das duas que a mais antiga tradição evangélica nos relata.

No Jardim de Getsêmani, Jesus prepara-se para assumir a sua missão. Sabe que nada se fará sem ele. Ainda pode fugir, esconder-se até que o perigo imediato se afaste. Ainda pode buscar uma terra de refúgio, ficar calado, não chamar a atenção, permanecer num lugar tranquilo com os seus discípulos, deixar de desafiar as autoridades. Tudo tem que ser decidido nessa vigília.

Antes da decisão vem a vigília e a vigília é o tempo em que Jesus toma plena consciência do significado da sua decisão. Ele vai decidir livremente. Os soldados ainda não chegaram, mas eles vão chegar e, se os soldados o encontram, todo o resto acontecerá numa sucessão implacável. Na vigília, nada disso existe ainda; tudo parece aberto, disponível. Porém, o tempo urge: restam poucas horas para tomar a decisão de pagar ou não o preço da chegada do Reino de Deus.

Qual é exatamente o assunto da vigília? Passar do anúncio abstrato à iminência da realização. Jesus sabia em forma abstrata o que devia acontecer, mas não sabia o momento, não estava na presença imediata do seu destino. Para que a pessoa possa participar, Deus anuncia o acontecimento. Desse modo, a pessoa pode saber de antemão em que consiste a sua missão, o que se vai desenrolar nela.

O anúncio é tarefa dos profetas e a Bíblia inteira mostra a importância dos profetas na História do mundo. O seu papel consiste em anunciar os atos futuros do Reino de Deus. Esses atos pertencem à evolução da História humana. Mas o mundo não quer ver nem saber o que vai acontecer e, por isso, não se prepara. Porém, os acontecimentos anunciados por Deus obrigam os povos a tomar atitudes, a tomar decisões. Os acontecimentos são também atos humanos: esses atos serão os que Deus quer ou os que Deus não quer. Quem não deu atenção ao anúncio não sabe agir como Deus quer. Quem se preparou sabe.

Assim, o Profeta Jeremias anunciou a ruína do reino de Judá, a dispersão e o cativeiro dos judeus e também o ressurgimento de um resto fiel, a sua fidelidade no meio das provações e o restabelecimento do povo por meio dele. Esses acontecimentos não se produziriam se os judeus se convertessem e se preparassem e se dispusessem para realizar a parte que lhes compete. Por isso, o Profeta anuncia o que vai suceder: trata-se de fazer com que os filhos de Israel estejam conscientes no momento decisivo para definir a sua atitude quando chegar a hora.

Do mesmo modo, Jesus conhece o anúncio dos profetas; sabe pelas profecias o destino que lhe é reservado e a contribuição que lhe será pedida. Há mil anos que os profetas anunciam o que vai suceder. Ao iniciar a sua missão, Jesus assumia os anúncios dos profetas. Desde o início, ele se preparava para o momento decisivo.

Porém, o anúncio profético não expressa nem o momento nem as circunstâncias da realização. Não constitui nenhuma *agenda* que o sujeito poderia seguir dia após dia. O concreto permanece indeterminado. Por isso, o anúncio fica mais ou menos abstrato até que um dia as circunstâncias venham torná-lo urgente e concreto. Uma coisa é saber que a gente deve morrer. Outra que a morte é iminente e que os seus autores já estão agindo.

Jesus sabia, pelos profetas, que a sua missão o levaria a um choque com as autoridades, à perseguição e a uma morte violenta: a morte do servo de Deus de Isaías. Ele estava preparado por uma disposição geral e global de aceitação. No jardim de Getsêmani, Jesus passou da fase de uma previsão e de uma preparação geral e abstrata à determinação prática. Foi a vigília. De repente, circunstâncias práticas conferem à morte anunciada um aspecto mais preciso, quase que palpável: o fato torna-se presente. Ora, o fato exige a colaboração ativa. O fato é antes de tudo ato.

O momento que se aproxima é o momento em que Jesus será chamado a dar o último passo rumo ao sacrifício, por uma manifestação definitiva, determinante, irreversível de seu testemunho. Terá de dar o passo final, depois do qual já não é mais possível voltar atrás. No jardim, ainda é possível. Depois já não será mais. Portanto, Jesus encontra-se na situação em que se faz a escolha definitiva: entrar ou não entrar no ato final de sua missão. De certa maneira, a lógica da vida anterior o levava a aceitar. É verdade que a lógica ia nesse sentido. Mas uma coisa é a lógica abstrata e outra o concreto da decisão urgente, a angústia da realidade presente. Uma coisa é prever, outra é estar diante dos agentes materiais. O corpo humano reage pouco às previsões de longo prazo. Porém, rebela-se diante do perigo imediato.

Daí o tempo da oração. É o tempo necessário para que a pessoa inteira se disponha a entrar na sua missão. A mente lembra os anúncios anteriores que iluminam a circunstância. "O que acontece agora é aquilo mesmo que esperei; aquilo que me disseram; o que estava escrito há muito tempo". Agora o cerco fica mais apertado, já chega a hora em que se fechará a última saída. O adversário acha-se bem perto. Aquele ato, aquele testemunho preparado durante anos desembocará no cenário do mundo, deixará de ser intenção e pensamento para tornar-se realidade concreta.

Jesus descobre que a hora dos profetas chegou. Ele vai ter que pronunciar as palavras definitivas que o condenarão, dar esse passo para frente, para o abismo, depois do qual não há mais regresso possível.

Esta é a oração de vigília. O seu objeto consiste nesta disposição do homem em dar o passo irreversível, deixando definitivamente uma vida interrompida e cortada e entrando numa fase nova, incerta, desconhecida. Se as circunstâncias exteriores realizassem o Reino de Deus de forma mecânica, a oração não seria necessária. Bastaria uma submissão passiva às circunstâncias exteriores. Porém, a missão não se realiza sem que a pessoa faça no meio de um conjunto de circunstâncias o ato que lhe é pedido e transforme as circunstâncias exteriores numa etapa do Reino de Deus.

Jesus está na situação de quem teme um desastre iminente e inevitável. Ele sabe que o dia chegou e todas as circunstâncias estão reunidas para constituir o desafio de proferir o testemunho definitivo. O conflito entre Jesus e o mundo chegou à maturidade. Os sinais exteriores parecem cada vez mais claros e significativos. Não adianta mais adiar o debate final. É agora a hora oportuna em que o anunciado entra na materialidade da História.

Na vigília, a pessoa precisa realizar a interrupção de sua vida, deixar o desenrolar da vida anterior para o passado. É chegado o momento de abandonar tudo o que foi a vida: "isso pertence ao passado". Depois enfrentar a novidade, olhar para aquilo que vem, com todas as energias. Essa é a conversão cristã. Não é conversão para ideias novas, novas opiniões ou novas expressões de uma adesão formal a um sistema religioso. A conversão é aquela que Jesus leva à perfeição: abandonar o passado, dar uma volta completa sobre si mesmo e encarar o fato que se aproxima para vivê-lo completamente num ato em que a pessoa se compromete radicalmente.

Na vida de cada cristão – isto é, de cada pessoa –, há tempos fortes em que tais atos concretizam a missão recebida. Esses tempos foram anunciados. O destino de cada cristão, de cada missionário imita o destino do próprio Cristo. Porém, as circunstâncias variam; ninguém repete materialmente as circunstâncias da vida de Jesus, embora todos tenham que aceitar a realidade das mesmas profecias, do mesmo anúncio. O momento da vigília é o prazo que nos é dado para enfrentar a circunstância e referir o exemplo de Jesus às nossas circunstâncias, dizendo-nos: o tempo chegou, é agora que o anúncio se precipita.

Alguns poderiam pensar que a oração é supérflua; que a pessoa é capaz de assumir, na hora, o papel que lhe compete; que é fácil responder ao desafio da hora. Poderiam pensar que a boa disposição permanente basta para que, na hora marcada, a pessoa tenha o reflexo adaptado e responda corretamente. Infelizmente, a experiência ensina que não há reflexo missionário. Os reflexos suscitam atos de rotina. Porém, não há reflexo para responder à hora da graça de Deus. Ninguém pode contar com os seus reflexos adquiridos. No momento do desafio, pelo contrário, todo ser humano se revolta, recua e trata de fugir. A pessoa só assume a sua missão depois de um combate interior, um combate entre as duas pessoas que lutam entre si: entre a pessoa do passado que queria continuar e a pessoa do futuro que precisa eliminar a anterior. O próprio Jesus teve que passar por esse combate.

A oração de vigília é combate interior. O combate é o que lhe confere densidade e intensidade de vida. A pessoa que se instala numa vida paralela, numa vida aérea, fugindo dos desafios do Reino de Deus neste mundo, não chega à verdadeira oração. Ela pode meditar sem fim os anúncios proféticos, meditar os salmos ou as profecias. Se o anúncio nunca chega à hora da realização concreta, se nunca passa da fase de anúncio indeterminado à fase do ato urgente e da decisão inevitável que conferem vida e materialidade aos anúncios, a oração é pura consideração platônica sem efeito – combate imaginário e não combate real. No caso da oração de Jesus, não se trata de uma contemplação tranquila de verdades eternas, e sim de uma necessidade de agir contra a resistência do homem velho, por obediência a uma missão superior.

Pavor e tédio

A tradição evangélica narra o combate de Jesus em poucas e simples palavras. Porém, essas palavras evocam as vozes dos abismos humanos: "Tomou consigo Pedro, Tiago e João e começou a sentir pavor e tédio. E disse-lhes: – *Minha alma está a morrer de tristeza; ficai aqui e vigiai.* Adiantou-se um pouco, prostrou-se por terra e pedia que, se possível, esta hora passasse longe dele. E dizia: – *Abba (Pai)! Tudo te é possível. Afasta de mim este cálice* (Mc 14,33-36). Voltando aos discípulos, queixou-se porque não puderam vigiar com ele e voltou a repetir as mesmas palavras".

O que há nesse *pavor e tédio*? Por que queria Jesus que o cálice fosse afastado dele? Com certeza, há nisso, em primeiro lugar, a revolta do ser humano inteiro diante da perspectiva da morte próxima. Os filósofos podem fazer dissertações sobre a morte, estando longe dela. A morte vista de longe pode tornar-se inofensiva. Ela se presta aos belos pensamentos. Diante da sua presença concreta a filosofia fica calada. A única maneira de a tornar aceitável é afastar todo e qualquer pensamento a seu respeito, chegando-se quase a negá-la mentalmente.

Pode ser que materialmente a morte seja inconsistente, não tenha conteúdo. Porém, é vivida na imaginação; é realidade na fantasia humana, e na imaginação ela é a ruína de todas as esperanças, a destruição de todos os laços com os seres vivos que faziam o sabor da vida.

Sendo humano, Jesus não pode deixar de sentir na imaginação todos os laços que vão ser cortados: com a própria terra, o ar, a luz, o calor, todos os seres vivos, as pessoas, os amigos, os parentes, as pessoas que entraram em sua existência e desde então nunca puderam sair completamente; tantos laços que estão para ser desfeitos.

Em segundo lugar, Jesus sofreu também o horror do corpo à tortura física, quando toda a sensibilidade se concentra numa vã tentativa de repelir para longe de si a mão que tortura. Há uma dor passiva que responde a uma aflição material, uma doença, um acidente. Mas a dor criada artificialmente por mãos humanas, a dor inventada engenhosamente pelo ser humano para fazer o outro sofrer, essa cria o pavor. O corpo entra em estado de pânico.

Além disso, a tristeza de Jesus tem ainda raízes mais específicas. Ela é o ponto de chegada da tristeza dos profetas. Jesus bem sabe que nele reaparecem as angústias, a aflição, a desolação de Moisés, de Elias, de Jeremias, do servo de Deus do livro de Isaías.

O profeta percebe que a missão o afasta dos outros, dos parentes, dos amigos, da vida comum, de tudo aquilo que dá conforto e segurança. Os profetas sentem que o passo que vão ter que dar os lançará na solidão. Eles terão que aventurar-se no desconhecido. Estão sozinhos. Nada apavora mais uma pessoa do que o fato de sentir-se sozinha, abandonada, solitária para enfrentar um destino que as outras desconhecem, ou, antes, reprovam.

O profeta enxerga o que os outros não enxergam e se compromete naquilo que os outros não percebem. Entrega-se ao risco da vida inteira enquanto os outros nada percebem dos motivos que o levam a atuar desse modo.

Jesus resolve entregar-se à morte depois de um testemunho que deixa a todos indiferentes. No jardim de Getsêmani, ele se afasta definitivamente das criaturas humanas. Melhor dito, ele vê que os outros se afastam. Até os discípulos dormem. A própria situação de Jesus recorda de modo concreto a indiferença radical de todos. Ele se lança num ato decisivo em que se compromete totalmente, enquanto o mundo fica adormecido.

A pessoa, é claro, sente-se feliz no meio das outras na fusão dos sentimentos, das lembranças e das esperanças. A participação comum mantém o ambiente de calor e segurança. Dizem que os primitivos morrem quando são expulsos da tribo. No fundo, os civilizados também; a pessoa excluída da sociedade se desintegra. No caso do profeta, ele próprio se colocou fora do calor do conformismo; foi ele mesmo quem procurou a aventura solitária. Ora, a consciência da indiferença e, pior ainda, da reprovação geral cria uma tensão interna que faz o profeta gemer e gritar. Sabe que ele e só ele é responsável por essa situação. Não pode acusar ninguém. Só a Deus pode dirigir a sua queixa, como o faziam os profetas.

Moisés pedia a Deus que o fizesse morrer logo para não ter que aguentar mais esse papel de solitário, sempre à parte do povo e à frente dele (Nm 11,15). Elias também queria morrer de desgosto (1Rs 19,44).

Como Jeremias, Jesus sente-se rejeitado pelo seu povo e sabe que ele próprio foi, é e será a causa dessa rejeição. Afasta-se da sorte comum, do homem comum, do conformismo geral. Escolhe um caminho original e novo que os outros não entendem. Desafia a todos atraindo sobre si a reprovação. Quem não sentiria o absurdo dessa situação? Além disso, Jesus sabe que tudo isso deve ser feito em vista da conversão deles. A indiferença e a incompreensão geral não tornam, por acaso, absurda e ridícula essa pretensão? Afinal de contas, o ato comprometedor, a tomada de posição que inclui o risco supremo, parece ser de uma esterilidade completa. Como não morrer de desgosto? "Minha alma está a morrer de tristeza".

Assaltado pela solidão, pela inutilidade aparente do sacrifício, pelo absurdo de querer salvar e transformar pessoas que não querem nem essa salvação nem essa transformação, Jesus pede que o ato seja poupado ou adiado. Todo ser humano quer estar em paz com os demais. Não é absurdo despertar a unanimidade contra si mesmo?

Essa foi a provação extrema de Jesus. Foi a matéria da vigília e o assunto da oração da vigília. O acontecimento era, por definição, único. Entretanto, já antes, na vida de Jesus, encontraram-se circunstâncias que o desafiaram a realizar outros atos do Reino de Deus, embora menos totalizantes do que o ato pascoal, porém necessários também. Os atos anteriores foram também etapas e exigiram passos para a frente. Cada um desses passos prolongava os atos anteriores rumo ao ato decisivo da Páscoa, constituindo, porém, cada qual, um risco novo e uma nova provação. A cada passo, Jesus se afastava dos caminhos comuns e inventava uma resposta original que não se justificava pela rotina nem pela evidência, e sim por uma fidelidade a uma voz imperativa, a voz que ressoa nos anúncios proféticos comparados com as circunstâncias concretas. A cada passo era preciso conferir a circunstância com a voz dos profetas para poder ouvir a aplicação prática e os sinais do Reino de Deus. Como sempre, o Reino de Deus não se realiza mecanicamente fora das pessoas, e sim dentro dos atos humanos. São as pessoas que fazem o

Reino, embora os seus atos procedam de Deus, tanto por meio da inspiração interna como por meio dos fatores objetivos e extremos.

Foi Lucas quem elaborou literariamente o tema da oração de vigília colocando-o em diversas peripécias da narração evangélica. As anotações de Lucas não pretendem ser o recenseamento de todas as ocasiões em que Jesus rezou, é claro. As referências do terceiro Evangelho são apenas alguns exemplos que manifestam uma disposição geral do tema da missão. A vigília é a oração pela qual Jesus interioriza, assume pessoalmente e, portanto, realiza humanamente o ato pelo qual Deus cria o seu Reino.

Lucas mostra Jesus em oração depois do batismo e antes da manifestação de sua investidura: "Ora, ao ser batizado todo o povo, Jesus, batizado também ele, rezava; então o céu se abriu" (Lc 3,21). Então se manifestou uma voz estranha.

No fim dos dias de pregação na Galileia, as multidões querem prestar-lhe honrarias. "Mas ele se retirava aos lugares solitários para orar" (Lc 5,16). Para buscar na oração um refúgio e a tranquilidade? Não! Para consultar a sua missão e preparar o passo seguinte.

Noutro dia foi necessário passar à escolha daqueles que deviam prolongar a sua ação: passo definitivo, pois ele orientava a marcha de todo o futuro povo de Deus. Quais seriam os escolhidos? Pelo caráter dos escolhidos ficaria marcada a Igreja futura de modo irreversível, pois a escolha seria normativa para todas as gerações. "Naqueles dias, foi Jesus à montanha para orar, e passou toda a noite em oração a Deus. Quando raiou o dia, convocou seus discípulos e escolheu doze deles..." (Lc 6,12). A escolha foi dura. Qualquer um de nós escolheria os mais inteligentes, os mais corajosos, os mais capacitados. Jesus deve ter tido essa tentação e teve que lutar para adotar a escolha definitiva: escolheu pessoas pobres, sem capacidade intelectual, sem muita coragem. Uma noite de luta e de sofrimento deve ter passado para que Jesus aceitasse esse tipo de escolha. Esses seriam doravante os companheiros de Jesus: ninguém que fosse capaz de entendê-lo. Essa escolha deveria marcar a história da Igreja. Quantas traições! Como são feitas as nomeações hoje?

Mais tarde, houve a transfiguração, sinal precursor da glorificação da Páscoa. De novo, "tomou Jesus consigo Pedro, Tiago e João, e subiu à montanha para rezar..." (Lc 9,29).

Já que o próprio Jesus sentiu a necessidade de vigiar, como poderiam os discípulos prescindir da vigília? Os atos do Reino de Deus não derivam das rotinas, nem dos costumes, nem do estilo de uma cultura ou de uma civilização, nem da ambição dos indivíduos. Cada ato é uma atualização da missão confiada pelo Pai e supõe uma nova conversão, isto é, a solidão do Reino de Deus, a solidão de um futuro vista apenas na fé pelos que confiam na esperança dos profetas. Para podermos entrar nessa solidão precisamos vencer o adversário interior, vencê-lo no combate pessoal e entrar na vigília até a vitória de Cristo.

NÃO O QUE EU QUERO

Dissemos que a vigília é o tempo do combate interior. De fato, a narração evangélica mostra como Jesus expressa a contradição das duas vontades que se hostilizam nele: a vontade de Deus e a vontade própria. Qual é essa vontade de Deus e como é que ela chega a contradizer a vontade própria?

Os nossos antepassados se contentaram, muitas vezes, com explicações bastante primitivas, insuficientes e até chocantes sobre esse assunto. Certas explicações da morte de Jesus – como sendo a expiação que compensa o pecado do ser humano ou a satisfação que recupera o favor de Deus oferecendo-lhe uma compensação de honra – nos parecem incompreensíveis. Todas as explicações que mostram um triunfo da vontade de Deus, baseado na destruição de uma vontade humana, parecem-nos absurdas. O que Deus quis não pode ter sido a morte em si, o preço do sangue, o sofrimento e a dor. Não é necessário o esmagamento da criatura humana para que Deus seja vencedor. A vontade de Deus não pode ser destruição da vontade do ser humano. Essa oposição que Jesus nos revela entre a vontade própria e a vontade de Deus não é oposição total ou absoluta. É uma oposição no nível da percepção imediata, no nível da vontade espontânea. No fundo de si mesmo, Jesus sabe que o caminho que Deus quer está certo, que o que lhe foi pedido é realmente o mais razoável e o mais justo dos caminhos, embora a sensibilidade se irrite e se revolte. A vontade de Deus é que Jesus seja firme no seu testemunho até no martírio. No fundo do seu ser, Jesus aceitava.

A vontade de Deus não se manifesta em forma de decreto. Do Pai a Jesus não houve nenhuma comunicação por via de decreto, como se um dia o Pai tivesse dado a conhecer ao Filho o seguinte aviso: "em tal dia a tal hora, você tem que morrer; faça isso ou aquilo, esteja presente em tal jardim, a tal hora; motivo: estou precisando de sua morte, não discuta, obedeça e ponto final". Pode ser, infelizmente, que a nossa catequese inculque essa imagem na mente das crianças. Ora, as imagens transmitidas às crianças podem permanecer indefinidamente no subconsciente dos adultos e provocar neles resistências implícitas a uma mensagem que suscite mal-estar. Os incrédulos encontram nessas resistências fundamentos da sua incredulidade, e os crentes preferem não pensar nunca no assunto para não despertar sensações de mal-estar.

A vontade de Deus que surge como uma força invencível na consciência de Jesus, durante a vigília de Getsêmani, é aquele plano, aquela disposição global de que a Bíblia inteira oferece um testemunho claríssimo. A história de Israel mostra o caminho do Reino de Deus no mundo das criaturas humanas. Esse caminho é o seguinte: para refazer a pessoa, para converter o coração de pedra em coração de carne, para criar um povo renovado na liberdade e no amor de uma verdadeira aliança, Deus não apela para aquilo que é mais forte, e sim para aquilo que é mais fraco. Deus não parte nem do poder político, nem do poder científico, nem da potência econômica. Esses poderes se transformaram em agentes de dominação e de escravidão.

Deus entrega o porvir do seu Reino – a pessoa renovada, reconciliada – aos pobres e aos humildes, aos que não têm poder político, nem cultural, nem econômico – deixando-lhes como única arma a força do testemunho e da palavra. A palavra destina-se a todas as pessoas, à razão das pessoas. Atua exclusivamente pela força de persuasão da verdade e pretende submeter à verdade até os poderes dominantes. Pois Deus não quer a morte do pecador, e sim a sua conversão. Não quer a humilhação do pecador, e sim a manifestação da verdade e da justiça.

O desígnio de Deus torna-se cada vez mais claro à medida que a História de Israel se desenvolve. A própria escolha de um povo humilde, sem uma civilização desenvolvida, sem força política, sem a riqueza e a glória dos impérios ao redor, é significativa. Deus escolhe esse povo pela sua fraqueza e para que na sua fraqueza se manifeste a força da verdade, isto é, a força que Deus atribui à verdade.

O Israel do Antigo Testamento não tinha como missão converter as nações. Bastava-lhe ser testemunha no meio do mundo de uma promessa que haveria de entrar na História um dia. Porém, os profetas educaram-no constantemente, recordando-lhe de que não convém imitar os grandes e os poderosos deste mundo, pois o seu destino está na fidelidade à mensagem da verdade: publicar a verdade entre os homens seria o suficiente. Assim, Isaías acha que o recurso ao poder político do Egito é uma corrupção da missão de Israel. Os próprios profetas realizam na vida individual e experimental na pele a missão de seu povo: eles são a palavra que ressoa sem uma intervenção poderosa; a palavra entregue a si mesma que denuncia o mal e interpela os malfeitores, anunciando e exortando para a conversão à justiça e à verdade.

No livro de Isaías, a figura do servo de Deus (cf. 42,29; 50; 53) aplica-se, ao mesmo tempo, ao conjunto do povo de Israel e ao profeta que encarna a missão de todos: a missão dele consistirá em proferir o testemunho da palavra de Deus, descobrindo para as criaturas humanas a verdade e a justiça, sem violência, apelando para a consciência, abrindo os caminhos para a reconciliação e o perdão.

Foi nesse desígnio de Deus que Jesus reconheceu desde o início a sua própria missão. O que os profetas disseram de si mesmos, do povo e do profeta futuro foi, na mente de Jesus, a iluminação: aí se encontrava claramente delineada a vontade de Deus.

Quanto ao desfecho dessa missão de testemunha, a Bíblia não tinha ilusões. Jesus, que conhecia a Bíblia, não podia iludir-se tampouco. A palavra que pretende persuadir e converter tem que enfrentar a barreira da indiferença, do medo da rotina, do egoísmo e, mais ainda, a resistência dos poderosos de todas as categorias. O caminho de Deus leva ao choque entre Davi e Golias, com a diferença de que normalmente Davi sai vencido por Golias: o profeta morre em Jerusalém. O pobre é perseguido. A testemunha paga o preço do testemunho pelo sangue e pela humilhação.

Contudo, Deus persevera no seu plano: rejeita a conversão pela destruição dos pecadores e tampouco invoca o auxílio dos poderes para restabelecer a ordem (quem aprofunda a desordem são eles, em primeiro lugar). Dessa forma, Deus entrega à morte os seus mensageiros, as pessoas chamadas para realizar a sua obra de perdão e reconciliação no mundo. A palavra é fraca e o apóstolo faz toda a experiência dessa fraqueza.

Essa é a "vontade de Deus" que Jesus aprendeu desde cedo nos oráculos proféticos e na História de Israel. Ele próprio adotou e ratificou essa vontade ao assumir o papel de enviado e testemunha no decorrer dos anos de sua missão pública. Ele sabe que essa mesma missão desemboca finalmente na provação final, no choque com os poderosos e na experiência da fragilidade da palavra. Sabe também que esse caminho levará finalmente ao triunfo de Deus sem violência, no perdão e no amor. Essa vontade de Deus não é nenhuma lei, nenhum decreto. É uma vocação e uma missão. Apela para a liberdade do chamado a fim de que aceite ser instrumento da criação do Reino neste mundo.

Esse caminho de Deus responde finalmente à nossa intuição mais profunda. Há em cada pessoa humana uma região em que a verdade desse caminho aparece. Não é assim mesmo que nós próprios fazemos em muitas circunstâncias de nossas vidas? Desta forma agem os pais para com os filhos, os mestres para com os alunos, os amigos com os amigos: perdoar, ter paciência e longanimidade, antes sofrer do que fazer sofrer, recomeçar sempre com a esperança de convencer em lugar de impor. Deus não faz outra coisa a não ser radicalizar a conduta que não nos atrevemos por nós mesmos a levar até as consequências extremas. Deus nos leva a tratar, finalmente, os próprios inimigos assim como tratamos os amigos.

Por isso, a vontade de Deus não contradiz a vontade mais íntima do ser humano, antes confirma uma intuição que todos conhecemos. No entanto, no momento em que a pessoa se encontra sozinha, abandonada e desarmada diante do adversário que provocou pelo seu testemunho e pela sua palavra, ela não pode deixar de sentir uma angústia radical. O caminho que lhe foi sugerido manifesta-se de repente tão absurdo, que torna-se impossível e quase ridículo.

O sentimento de impotência diante das potências desencadeadas cria o pânico. O próprio Jesus vive o conflito interno entre duas vontades: surge nele uma vontade que se opõe à vontade de Deus. Não será teimosia, estupidez perseverar num caminho sem saída, que desemboca no desastre de todas as esperanças?

A vontade da pessoa humana é fugir ou matar. Matar, por exemplo, chamando as legiões de anjos ou o fogo de Deus sobre a injustiça e a mentira, acabar com o mal exterminando os malfeitores, como pretendem fazer, aliás, os imperadores, os reis, os ditadores e todos os pseudossalvadores da humanidade. Foi a tentação que o demônio ofereceu a Jesus, a tentação que os discípulos conheceram. Foi a tentação na qual a Igreja caiu no decorrer da História. Porém, essa tentação não estava em última análise ao alcance dos apóstolos. Eles eram pobres e simples, sem poder. O método da força e da violência não era para eles. Houve a outra saída: a fuga, dormir para não ver. A tentação do profeta é querer esquecer-se, divertir-se para não se lembrar de sua missão, misturar-se com os outros na esperança de passar desapercebido, voltar ao comum. Em ambos os casos, a pessoa desiste do caminho de Deus. No primeiro, ela deixa de acreditar na força da palavra e no segundo, também. Se tiver possibilidade, ela pode querer usar o poder e a violência; se não tiver possibilidade, ela preferirá desistir, afastar-se de uma missão impossível.

A vontade de Deus é que se tenha fé até o fim, prosseguindo até o passo final da missão. Finalmente, o testemunho será o mais forte: a ressurreição de Jesus é o sinal dado por Deus de que a palavra e a longanimidade, o amor e o perdão são os mais fortes, o sinal da vitória do Reino na própria fraqueza. Porém, o sinal vem depois da morte. Jesus experimenta primeiro e exclusivamente a fraqueza da sua posição. Os mais fortes são os romanos e os sacerdotes, os fariseus, os anciãos. A vitória da palavra é objeto de confiança, ainda não de experiência.

Todos nós sentimos o mesmo conflito. Se não o sentimos, é sinal provável de que já afastamos o cálice para longe de nós, quer fugindo da nossa missão, quer confiando em alguns poderes humanos em lugar de confiar nas armas que nos foram entregues por Deus.

O QUE TU QUERES

O combate culmina numa aceitação final. Não digamos que é a vitória de Deus sobre a pessoa humana, nem a abdicação da pessoa diante de Deus. Antes, é a vitória da pessoa mais verdadeira sobre a pessoa mais superficial. A criatura humana apega-se à luz mais profunda que havia nela.

A aceitação de Jesus é o ato final de uma longa história. Durante dezoito séculos os israelitas – e os patriarcas antes do povo de Israel – prepararam essa aceitação. Jesus sabe que prolonga o consentimento de Abraão, de Moisés, de Elias e de todos os profetas. Mais ainda, em todos os povos, os profetas tiveram precursores. Jesus, por sinal, leva ao termo final a série das suas próprias decisões. A conclusão da vigília está na linha da sua existência inteira.

Nem por isso a aceitação deixa de custar. A pessoa pode saber que a lógica da sua vida a leva a tal determinação. Mas, tratando-se de enfrentar voluntariamente a morte, com confiança absoluta num testemunho cuja eficácia permanece totalmente oculta, não há lógica que possa ser suficiente.

Jesus aceita o papel que lhe é reservado. Em que consiste essa aceitação? Não se trata apenas de se entregar, de se submeter passivamente ao julgamento. O ato que lhe é pedido é positivo. Trata-se de ir ao encontro dos adversários, de enfrentá-los com a cabeça erguida, de pronunciar as palavras que permitam justificar o martírio e sofrer as consequências. Esse ato é, ao mesmo tempo, atividade e passividade, um fazer e um sofrer, sabendo que a marcha do Reino de Deus passa por essa mistura de passividade e de atividade de um ser humano.

A aceitação significa que a esperança foi a mais forte. Não quer dizer que Jesus desiste, ou se entrega, ou se deixa humilhar. Não é nenhum masoquismo, nenhuma desistência da luta. É a luta levada até o fim, com confiança na força final do caminho de Deus, na força do apelo, da razão humana, do amor, do perdão; esperança de que a missão não tenha sido vã nem absurda.

Essa aceitação se propõe a todos os cristãos, a todas as pessoas, como conclusão de todos os debates em que inevitavelmente estamos colocados, se nos atrevemos a encarar a nossa própria missão.

No entanto, há na narração evangélica algo inimitável. Ninguém pode, como Jesus, identificar-se totalmente com toda a História anterior de Israel, com os profetas e com o servo de Deus. Ninguém leva o combate até o fim com esse radicalismo do testemunho profético. Como sempre, a transcendência de Jesus manifesta-se pela radicalidade da sua humanidade. Jesus coincide de tal modo com o valor e o senso radical da pessoa que não pode ser apenas humano. Jesus é tão radicalmente humano que não pode ser somente criatura humana.

A pessoa comum é sempre deficiente em diversos aspectos. Ao assumir, na totalidade e na simplicidade completa, o destino da criatura humana, Jesus revela-se aberto a algo mais do que ao ser humano: à fonte da própria humanidade. Por isso mesmo, ele é ao mesmo tempo imitável e inimitável. Imitável porque é humano, inimitável porque é demasiado humano.

Tal foi a oração da vigília. A oração em que, por meio de movimentos progressivos, o ato de consentimento invade a personalidade, em que a pessoa busca no fundo de si mesma as energias para poder pronunciar o "sim";

a oração em que o Espírito de Deus e de Cristo desperta no íntimo da pessoa as últimas reservas de esperança para desafiar as potências visíveis deste mundo e todo o seu prestígio.

Pode ser que não tenhamos conhecido muitas vigílias dessas. Nesse caso, não poderíamos perguntar-nos se não conseguimos apagar em nós a verdade da nossa missão, substituindo os caminhos de Deus pelos nossos, salvando as aparências de piedade pela invocação do nome de Deus sobre os nossos conformismos sem problemas? Não seria a primeira vez na História.

Pode ser também que *uma* vigília não seja suficiente, que não se chegue à conclusão logo na primeira vez. É humano fracassar e ter que recomeçar. Joana d'Arc na fogueira teve um momento de fraqueza e reconheceu que era culpada das acusações que lhe faziam. Mas logo ela se arrependeu dessa fraqueza e proclamou de novo a sua inocência e então morreu na fogueira.

Em certos casos, o consentimento não logra desembocar livremente. As resistências embaraçam-no indefinidamente. Isso também é humano. Contudo, o caminho é sempre o mesmo, qualquer que seja o tempo necessário para percorrer o recorrido marcado.

II.
"POR QUE ME ABANDONASTE?"

No fim da Paixão, os Evangelhos colocam nos lábios de Jesus outra oração. O supliciado chegou ao fim dos seus sofrimentos. Jesus está para morrer. "À nona hora, Jesus clamou em alta voz: – *Eloí, Eloí, lama sabactaní,* o que significa: – *Meu Deus, meu Deus, por que me abandonaste?*" (Mc 15,34).
Estas palavras se encontram tais quais no início do salmo 21. Por outro lado, o mesmo salmo 21 está presente em muitas alusões da narração evangélica da morte de Jesus. Portanto, não se pode duvidar de que as palavras se refiram ao salmo. Alguns dizem que Jesus recitava o salmo. Não queiramos saber demais. De qualquer modo, o "por que me abandonaste?" deve ser interpretado dentro do contexto do salmo. Eis o salmo 21:

"Meu Deus, meu Deus, por que me abandonaste?
Ficas alheio ao clamor de minha súplica!
Meu Deus, de dia eu clamo e não me respondes, de noite também não encontro paz alguma.
Tu, porém, és santo, ó louvor de Israel, que habitas o santuário. Em ti confiaram nossos pais, confiaram e os libertastes; a ti clamaram e foram salvos, esperaram em ti e não foram confundidos.

Eu, porém, sou um verme e não um homem, opróbrio dos homens, rebotalho do povo.
Todos os que me veem zombam de mim, escarnecem e sacodem a cabeça:
– Confiou no Senhor... Pois ele o livre. Que o salve se lhe tem amor!
Foste tu que me tiraste do ventre de minha mãe, e me puseste em segurança entre os seus braços; desde o meu nascimento me recolheste, desde o seio materno és meu Deus.
Não fiques longe de mim; próxima está a tribulação e não tenho quem me ajude.
Bandos de touros me cercaram, rodearam-me feras de Basã: suas goelas abrem-se contra mim, como leões famintos a rugir.
Estou como a água derramada, desconjuntados todos os meus membros, igual à cera está o meu coração a se derreter dentro do peito.
Como barro cozido, minha garganta seca, ao paladar pegada a minha língua; abandonaste-me à poeira da morte.
Cães numerosos me rodeiam, cerca-me um bando de malfeitores; dilaceram-me as mãos e os pés, posso contar todos os meus ossos.
Essa gente me observa: como olham!
Repartem entre si as minhas vestes e lançam sorte sobre a minha túnica..."

ABANDONO

Jesus sente-se abandonado. Faz a experiência do extremo da miséria humana: estar abandonado. Dessa experiência participam todos os vencidos de todos os tempos:

os povos subjugados, reduzidos à escravidão, as classes pobres condenadas a oferecer o seu trabalho para sustentar civilizações aristocráticas ou burguesas, massas alistadas nos exércitos e lançadas à guerra para satisfazer a vontade de poder dos poderosos. Essa é a experiência do ser humano que sente que a sua vida deixou de lhe pertencer. Não há mais recurso.

Para evitar o extremo da miséria, os pobres submetem-se passivamente, não se afastam uns dos outros, com a esperança de encontrarem pelo menos um auxílio no calor e na solidariedade da massa dos oprimidos. Às vezes, um deles protesta e se levanta contra a sorte que lhe é destinada. Ai dele! Não somente o braço do poder o esmaga, mas os seus próprios irmãos se afastam dele, horrorizados. Ele realiza a dupla experiência da sua impotência. Assim foi no caso de Jesus.

A morte é horrível em si mesma. Diante dela a pessoa sente-se solitária, todos os laços se desfazem: é o abandono em ato. O moribundo percebe que tudo se desliga dele e o abandona; nada e ninguém pode fazer coisa alguma para acompanhá-lo. Contudo, o fato de compartilhar a tristeza torna a separação mais suave e menos cruel. Não é assim o caso da morte do vencido.

Reduzido à condição de escravo, como diz Paulo na epístola aos Filipenses (2,9), Jesus sente a amargura do abandono dos vencidos. Nenhum olhar de compaixão por parte dos dominadores. Se a morte dele for necessária para a segurança do sistema político-social, seja ele sacrificado. Eis a criatura humana transformada em instrumento que se usa ou se rejeita conforme a circunstância.

E, como no caso do escravo que se levanta e pretende falar, a massa o abandona no momento em que a repressão o esmaga. Jesus foi abandonado inclusive pelos seus, pelo povo humilde e pobre que esperava dele uma salvação, mas não era capaz de compreender o sentido da sua missão até o fim.

O inocente humilhado e rejeitado sente sobre si mesmo a reprovação de todo seu valor, de tudo o que é forte e estimado neste mundo. Ainda assim, o pior é a reprovação externa, os simulacros de justiça, o cerimonial judiciário, as sentenças condenatórias. O pior é que o condenado sente em si mesmo a reprovação da sociedade. Essa reprovação ele próprio a interioriza. Nele surge uma consciência da culpabilidade.

Essa culpabilidade, muitas vezes, os criminosos não a experimentam. Crimes e delitos individuais não separam a pessoa da coletividade. As motivações do crime o tornam compreensível, razoável, e integram-no de certo modo dentro da complexidade da vida social. Porém, Jesus entrou numa oposição completa à própria sociedade. Se o crime não produz necessariamente sentimentos de culpa, ser rejeitado pela sociedade, ainda que sem culpa, pelo fato de pertencer a uma categoria de vencidos, escravizados ou de ser aquele indivíduo que se colocou fora do seu povo, essa inocência, sim, engendra culpabilidade.

Os Estados totalitários contemporâneos chegaram a cultivar essa culpabilidade por meio de técnicas muito bem elaboradas. Trata-se de criar, no indivíduo que não se integra, a consciência de que a sociedade inteira o rejeita, de que ele mesmo se colocou fora dos laços sociais. Ora, sair da solidariedade social não é simplesmente *um* pecado. É *o* pecado absoluto. Trata-se, portanto, de dar ao inconformado a consciência de ter cometido o pecado absoluto. Se assim for, ele sentirá que merece o castigo absoluto, o abandono.

Dessa maneira, o condenado não é somente abandonado, mas chega a reconhecer que mereceu esse abandono: o abandono radical.

Jesus sente-se radicalmente rejeitado, colocado fora do povo. Cometeu o pecado absoluto, o que engendra a maior consciência de culpabilidade: o pecado de não se ter submetido ao conformismo social, o pecado da não resignação à ordem estabelecida, e o pecado de ter sido vencido na sua tentativa de protesto. O pecado de ser vencido, estando com a razão. Esse é o pecado do qual nem sequer o sujeito se perdoa a si mesmo.

O horror a esse abandono e a culpabilidade que suscita são tão fortes que todos os sistemas de dominação encontram neles o seu mais firme sustentáculo. Os fascismos renovaram e aperfeiçoaram os sistemas artesanais construídos pelos impérios de outrora. Sabem que sua força lhes vem da capacidade de despertar nas massas o medo da exclusão e da reprovação social. Os Estados contemporâneos aprenderam muitas coisas desses fascismos, mas souberam aperfeiçoar o sistema de tal modo que já não escandalizam. Tais estados dão a si mesmos o nome de democracias. Tratam de mostrar por meio de exemplos significativos a ameaça que pesa sobre todos; designar algumas categorias, carregá-las de pecados abomináveis, denunciá-los e orquestrar a reprovação de todas as classes prestigiadas; que todos venham amaldiçoar os maus "terroristas": sábios, empresários, juízes, prefeitos, jovens e velhos, homens e mulheres! Hoje em dia, Jesus seria condenado como "terrorista".

Dessa maneira, todos saberão do horror da condição reservada aos excomungados. Pois a excomunhão foi, historicamente, uma das expressões desse sistema fascista de criação de culpabilidade. Trata-se de criar na imaginação coletiva o retrato do ser humano absolutamente mau e perigoso, da pessoa totalmente negativa e do castigo da exclusão total que a ameaça e que certamente virá sobre ela. Assim fizeram com os judeus, os hereges, os traidores, ou simplesmente qualquer forma de não conformismo. Qualquer categoria serve, já que se trata de criar no povo o medo de ser denunciado como pertencendo à categoria reprovada. Os cidadãos estarão dispostos a qualquer humilhação e a todas as formas de resignação para que não se lhes diga que são judeus, hereges, traidores ou coisa que o valha.

Por outro lado, uma vez despertada a culpabilidade do rejeitado e o temor da excomunhão social, os fascismos oferecem, como solução, meios de uma integração social mais rígida, destinada a amarrar as massas definitivamente. Mitos coletivos, ritos e cerimônias de expiação coletiva, ritos de adesão ao sistema social, símbolos, leis novas, sacrifícios coletivos, tudo isso serve para dar aos cidadãos a consciência de que ainda pertencem firmemente ao corpo social. Tudo serve para averiguarem a firmeza dos laços que os prendem. O medo faz com que eles próprios queiram se sentir amarrados. O temor da solidão absoluta faz com que a pessoa prefira abdicar de toda liberdade. Hoje, a TV desempenha esse papel melhor do que os fascismos: distrai deste mundo. E cria a comunidade passiva dos telespectadores.

Essas coisas são da experiência cotidiana no mundo presente. Mostram-nos até que ponto o abandono é insuportável ao ser humano. Ora, tudo isso sucedeu na morte de Jesus. A acusação que lhe dirigem todas as classes do povo de Israel não é nenhum crime particular, e sim o crime radical de ter blasfemado, isto é, de ter negado a totalidade da religião e do povo de Israel, a unicidade e a soberania do Deus único. Ele é aos olhos dos representantes do povo o traidor perfeito, o negador perfeito. Chegou a uma incompatibilidade total. Nada fez, inclusive, para evitar ou suavizar essa incompatibilidade.

Ora, sendo criatura humana, não pôde deixar de sentir o que sentiria qualquer ser humano nessa condição. Como diz a epístola aos Hebreus, ele aprendeu a condição humana nas lágrimas e nos gritos (Hb 5,7-8). Sendo a dor intolerável, Jesus, como qualquer ser humano, suplicou. Lembremo-nos dessas súplicas dos salmos, notadamente do salmo 21 do nosso contexto:

"Tu, Senhor, não fiques longe;
Ó minha força, corre em meu socorro!
Livra da espada e das garras dos cães a minha vida;
Salva-me da goela do leão e do chifre dos búfalos."

E se Deus não responde? Que forma de abandono é essa?

A DERROTA

Todos os desamparados acabam invocando um deus ou um santo em certos casos, ainda que não acreditem em deuses nem em santos. Nesse caso, Deus é o último refúgio, o recurso extremo. Tratando-se de Jesus, o apelo a Deus assume uma importância única.

Com efeito, seguindo o impulso dos profetas e levando-o até o fim, Jesus sempre invocou a autoridade de Deus para desmentir as autoridades religiosas estabelecidas. Contra os escribas, os sacerdotes, as tradições dos anciãos, ele apelou para o Pai. Desprestigiou essas autoridades aos olhos das massas, em nome do Pai. Ameaçou o edifício social, chegou a provocar uma perturbação tão séria na mente das autoridades que estas resolveram livrar-se dele entregando-o ao poder vigente. Entregá-lo aos romanos significava dizer que já representava um flagrante perigo para a própria nação. Portanto, tudo parecia indicar que chegara a hora de o Pai intervir e manifestar claramente que Jesus estava com a razão. As autoridades invocam a autoridade de Deus contra Jesus e Jesus invoca a mesma autoridade contra elas. Como sustentar essa posição se o Pai não rompe o silêncio e não esclarece o debate?

Jesus encontra-se numa situação análoga à dos discípulos que, arriscando, assumem determinados compromissos em nome do Evangelho, e um belo dia começam a ser desmentidos pelas autoridades. Levados pela palavra do Evangelho ou das Encíclicas, aventuram-se no mundo até chamarem sobre si mesmos a hostilidade dos poderes constituídos. Então, um dia, a hierarquia comunica-lhes a notícia de que elas se enganaram e não atuaram de acordo com o Evangelho que invocaram. Como se defender nessas condições? Do mesmo modo, como é que Jesus pode defender-se? Como continuar afirmando que Deus permanece com ele, se nenhum sinal vem confirmar essa pretensão? O silêncio do Pai não seria, por acaso, um desmentido muito eloquente?

Aliás, Jesus invocou esse critério: julga-se a árvore pelos frutos. Ora, onde estão os frutos? Os discípulos? Todos foragidos. O povo? Ausente. A conversão de Israel? Eis os príncipes de Israel triunfantes, mais confiantes do que nunca na sua sabedoria. Tudo dá razão aos ex-discípulos que se encontram com Jesus perto de Emaús: foi uma ilusão! A derrota mostra que tudo era ilusão. Deus não estava com ele.

Na realidade, nada desnorteia mais a pessoa do que a falta de relação entre os atos e o êxito. Espontaneamente, esperamos que os resultados respondam aos nossos atos e que atos bons, racionais, dotados de muitas qualidades positivas, produzam efeitos bons proporcionais às qualidades dos atos. Inclusive na missão cristã. Preparamos a missão, estabelecemos atos, gestos, campanhas articuladas; sacrificamos muita coisa à execução dos atos previstos, sacrificamos dinheiro, terra, família, possibilidades, carreira, saúde e a própria vida. Depois disso, constatamos que os resultados diferem muito das expectativas. Então, achamos natural voltar para trás e avaliar o que aconteceu.

Espontaneamente, achamos que o êxito é o resultado dos esforços feitos e, portanto, justifica os atos que o visavam. Ao invés, julgamos que o fracasso condena os atos anteriores e procuramos neles as deficiências que o explicam. O êxito engendra boa consciência e o fracasso consciência de culpa. Como se a derrota fosse condenação e a vitória aprovação. Assim, os vencedores crerão que a vitória é a recompensa das suas qualidades e os vencidos, que a derrota é o castigo dos seus vícios. Até a teologia católica ensinou isso até há pouco tempo. De fato, poucas vezes sucede que os vencedores confessem os seus pecados, ou tenham consciência de serem mais pecadores do que os vencidos; e, de modo natural, os vencidos fazem a confissão dos seus pecados, como se os tivessem descoberto na própria derrota.

Se toda derrota já é sinal de reprovação divina na mente do povo, tanto mais no caso de Jesus. Daí esse novo elemento do abandono: o fato de se sentir sem argumento, sem advogado, no momento exato em que o argumento é necessário.

O que ensina esse episódio é que não há relação lógica, evidente, racional, entre os atos humanos e os resultados. As pessoas não fazem a História à vontade. Interferem nela. Interferem na História das nações e das civilizações e também na História do Reino de Deus. Porém, os resultados dessa interferência não aparecem imediatamente. Não há critérios definidos de antemão que nos permitam conhecer os resultados de determinada ação. O que se chama de êxito ou de derrota pode ter pouca relação com os atos anteriores. A História prossegue. O que sucede num momento ulterior pode desmentir o que sucedeu num momento anterior. Assim, a ressurreição desmente a morte de Jesus.

Contudo, no momento, tudo tem as aparências de uma derrota; então, como apagar a impressão de culpabilidade que sugere essa derrota? Apesar de estar consciente de sua inocência, Jesus sente-se acusado, reprovado, portanto abandonado não apenas externamente, mas também pela convicção interior das pessoas. Ele sabe que o povo e os seus o acusam interiormente por tê-los decepcionado. Acham que ele os enganou levando-os a acreditar numa ilusão. Mais ainda, essa ilusão levou-os, a eles também, a uma derrota, e como não teriam rancor por essa derrota? Os seus o abandonam no seu coração também.

ABANDONADO POR DEUS

Jesus reza assim: "Meu Deus, meu Deus, por que me abandonaste?". Ninguém poderia ter inventado que o Filho de Deus tivesse experimentado a ausência de

Deus. Essa palavra é autêntica. Ela nos revela o fundo da experiência religiosa cristã. Na hora em que o homem Jesus está totalmente desamparado, Deus responde pelo silêncio. Deus fica calado, aparentemente ausente, de tal modo que Jesus chega a se sentir abandonado. Experiência de um vazio tremendo, de alguém que está faltando, que devia estar presente e não está. Desse modo, Jesus experimenta a solidão humana nos combates desta vida, e Deus não interrompe essa solidão. Essa foi a experiência que fizeram também os profetas e os místicos, ainda que lendas populares mantenham entre as pessoas ingênuas a convicção de que os mais religiosos e os mais espirituais gozem da convivência com os anjos e os santos de tal modo que o calvário se transforme para eles num paraíso.

É verdade que a humanidade teme essa solidão humana, a solidão da criatura humana nas horas decisivas da sua vida e, particularmente, no tempo da provação, da tentação e da paixão. A psicologia humana reage a essa solidão povoando o mundo com seres sobrenaturais. Os povos antigos, que viviam numa insegurança muito maior do que a nossa, criaram uma sociedade de anjos, espíritos, almas e demais figuras celestiais. A fantasia projetou no meio das coisas materiais seres vivos, múltiplos e complexos, uns perigosos e outros protetores. Graças a essa população espiritual, o mundo nunca ficava vazio. Nos casos de urgência, a pessoa sempre podia invocar uma série de protetores invisíveis e sempre recebia deles sinais sensíveis da sua presença. Para garantir a presença dos protetores, a fantasia inventava um tesouro inesgotável de lendas e milagres. Qualquer um vivia na expectativa da renovação desses milagres. Existe, assim, no ser humano uma função de mitificação que ajuda a atravessar as provações da vida. Até no abismo mais profundo a imaginação não perde o contato com o paraíso. Graças à função da mitificação, a pessoa nunca se sente totalmente abandonada. Ela evita, assim, a situação extrema de Jesus em que a consciência isolada sente um frio tão grande que exclama: "Meu Deus, por que me abandonaste?". Quem se agarra aos mitos não chega a essa situação. Sempre conta com espíritos que lhe prestam assistência.

Comparados com a religiosidade popular, os Evangelhos desmitificam. Na hora da cruz os seres celestiais estão ausentes. Faltam os consoladores e os protetores. Estão ausentes os anjos e os santos.

Mais tarde, no decorrer da História da cristandade, os mitos vão renascer. As lendas dos mártires colocarão ao lado dos heróis cristãos alguns anjos tutelares. Nascerá o mito do mártir sobrenatural, semideus, que enfrenta gloriosamente a morte como se fosse uma prova atlética, que nada sente e se alegra à medida em que aumentam os suplícios.

A realidade é mais trivial. No Calvário, Jesus experimenta a pura cruz sem artifícios, a cruz nua e solitária. Jesus assume até o fim a sua missão solitária, sem alívio e sem subterfúgio. O homem Jesus carrega, sozinho, os seus atos. Não há Deus nem santo que venha carregá-los no seu lugar.

Os Evangelhos desestimulam igualmente as aspirações místicas. Certas pessoas acham ser mais piedoso o pensamento de que o Pai se manifesta aos filhos nas horas penosas da vida. Esse pensamento parece que ajuda. Hoje conhecemos melhor os mecanismos que dirigem essas projeções da fantasia humana. Não é piedade e sim falta de verdadeira piedade substituir a realidade crua por um mundo ilusório.

Vários cristãos tiveram ultimamente o pressentimento de que a nossa época é chamada a viver e destacar particularmente a revelação da cruz de Jesus. É verdade que os nossos antepassados sempre veneraram a cruz. Os tempos barrocos exaltaram bastante a imagem da cruz. Porém, os crucifixos sangrentos dos séculos barrocos sugerem, pelos próprios excessos do horror, o heroísmo sobre-humano. As personagens dos calvários estilizados nas nossas igrejas e nos oratórios tradicionais representam figuras de tragédia, numa compostura teatral que evoca uma condição sobre-humana. O excesso de representação da dor acaba suprimindo ou sublimando a própria dor. Não é de estranhar que, entre o povo, muitas pessoas pensem que Jesus não sofreu realmente durante a paixão. Pensam que ele era superior a qualquer sofrimento, tão heróico, tão sobre-humano, idealizado e como que revestido por um manto de energia celestial, de tal modo que a dor não o atingia.

Com a distância dos séculos, podemos imaginar o Calvário como um teatro no centro do universo em que as cortes celestiais assistem ao maior espetáculo de todos os tempos. E podemos imaginar que o fato de se saber contemplado por milhões de anjos e santos podia sublimar de tal maneira o sofrimento a ponto de ele não o sentir.

Mas a narração dos Evangelhos, restabelecida na sua literalidade, mostra-nos a trivialidade da morte de Jesus; e essa trivialidade é o pano de fundo da oração do abandono. Consta que a morte de Jesus em nada foi diferente da morte de milhares de escravos, rebeldes, criminosos e inconformistas de seu tempo. Se Jesus fez a experiência da solidão e da ausência de Deus, essa experiência é simplesmente fato comum. O Pai permanecia também escondido para todos os escravos e para todas as vítimas daquele tempo, aliás, de todos os tempos. Jesus foi reduzido à condição humana comum, sentindo em que estado de miséria as pessoas humanas podem estar colocadas: tal é o abandono que podem atingir.

"Meu Deus, meu Deus, por que me abandonaste?". Doravante ninguém terá vergonha de pensar ou proferir essa oração. Ela não será tida por ímpia ou blasfematória. O próprio Filho de Deus não pôde deixar de pronunciá-la no momento de angústia extrema.

O "porquê" mostra que há em Deus um limite que a inteligência humana não pode atingir. Há um momento em que a vida deixa de ser racional, em que toda racionalização para. Então a oração fica em suspenso na pergunta: "por quê?".

A ESPERANÇA NA AUSÊNCIA

A oração da cruz, longe de ser expressão de incredulidade, é a forma mais pura da fé. Reconhece a presença de Deus apesar de todos os sinais da inexistência. Proclama a sua presença permanente através do vácuo da experiência.

Este é o modo da presença de Deus na vida das criaturas; a presença em forma de ausência. Experimentalmente, abre-se na existência um vácuo. Na cruz, a existência de um interlocutor escondido manifesta-se. Não se trata de um nada, e sim de um vácuo que se assinala em forma de interrogação. Há alguma coisa por trás de tudo isso.

A oração de Jesus proclama que o silêncio de Deus é apenas intervalo entre duas palavras. Deus está verdadeiramente ausente, no sentido de que ele já esteve presente e, sobretudo, estará um dia presente. Conhece-se o Pai no modo da esperança: é aquele que adiou a visita. Não sabemos por que a sua manifestação demora tanto, mas sabemos que ele virá.

Essa mesma oração permite-nos definir com certa exatidão o limite entre a fé e a incredulidade. A esse respeito, os nossos contemporâneos se deixam muitas vezes enganar pelas aparências.

As aparências enganam. Muitas vezes, a própria pessoa se engana a respeito da sua verdadeira condição. Muitas vezes, uma profissão de ateísmo esconde a fé mais autêntica e a negação formulada no ateísmo esconde uma adesão real. Quem nega verbalmente o nome de Deus pode invocá-lo no seu coração e quem proclama verbalmente o seu nome pode apegar-se a um ídolo. Os nomes de Deus são tradicionais. Alguns encontram o verdadeiro Deus por meio de um nome tradicional. Para outros, os nomes escondem a realidade. Preferem invocá-lo sob outros nomes, nomes novos, ou sem nome.

Os verdadeiros incrédulos mais vulgares são os que agitam constantemente o nome de Deus usando-o como arma contra os seus adversários. Colocam debaixo do nome de Deus o seu maquiavelismo, as suas ambições pessoais, a sua carreira, as suas rivalidades. Eles sempre sabem qual é a vontade do seu Deus e, pura coincidência, essa vontade concorda plenamente com os seus próprios interesses. Essa é a incredulidade dos poderosos e dos ricos, temerosos de que a fragilidade e a ilegitimidade dos seus privilégios apareçam. A máscara da religião presta-lhes um auxílio oportuno.

Em um nível superior, a religião é o subterfúgio que evita a experiência da cruz. Muitos, em todas as civilizações, como o sacerdote na estrada de Jericó, invocaram o serviço de Deus para evitar a experiência da sua ausência. Os motivos de piedade ocultam aos olhos da própria consciência o medo da vida, do mundo, das lutas ou também a covardia diante da missão. Para não termos que aceitar a nossa missão, a solução mais sutil consiste em apresentar os preceitos divinos. Assim faziam os fariseus; jogavam Deus contra Deus; se Deus se contradiz, a pessoa humana fica livre de qualquer compromisso.

Outros povoam o seu mundo mental com uma multidão de deuses a fim de não terem que enfrentar a terrível solidão do ser humano na cruz; negam a ausência de Deus porque ela lhes parece insuportável e buscam refúgio num mundo de fantasia.

Quem se nega a recorrer a essas religiões não pode ser taxado de incrédulo. Para encontrarmos a verdadeira linha divisória entre fé e incredulidade, precisamos descer às camadas mais profundas da personalidade.

Em primeiro lugar, a diferença entre fé e incredulidade manifesta-se de modo claro apenas no momento em que o ser humano tem acesso à vivência da cruz. Até esse momento, não se pode saber exatamente qual é a verdade de uma pessoa. O mais provável é que muitas pessoas não atinjam ou atinjam muito tarde a etapa de provação. Muitos permanecem aquém das decisões, das opções, das iniciativas ou de riscos que a pessoa tem de enfrentar quando se vê diante da perspectiva da cruz. Alguns, por covardia ou fraqueza, vivem dissimulados, escondidos, longe dos riscos e passam a vida sem se terem manifestado nunca; adaptaram-se às circunstâncias. Neste caso, a sua religião ou a sua incredulidade é apenas o reflexo do ambiente, nada significa a não ser o seu oportunismo e o medo de existir. Outros adiam sem fim a execução da sua missão, meditam-na, conversam sobre ela, mas nunca chegam a entrar no compromisso. Estes também não acham a cruz de Cristo.

Porém, a discriminação realiza-se no dia em que a pessoa humana se sente na necessidade de enfrentar as potências deste mundo: dinheiro, prestígio, violência, saber. No meio do combate, os deuses amáveis da fantasia desaparecem, os santos familiares somem, os anjos tutelares estão ausentes e o Deus verdadeiro fica calado. No meio das trevas, é regra escolher entre duas vozes, a da revolta e a da esperança.

O ser humano pode fechar-se em si mesmo e no próprio sofrimento. Pode isolar-se na sua solidão e fazer dela o último refúgio da sua existência, apegar-se a ela e amaldiçoar o universo inteiro para se preservar. Nesse caso, ele descobre que não há nada, a não ser o absurdo de querer destruir com os dedos ou com a voz paredes de granito. A pessoa pode gritar, o universo está deserto e a voz ressoa no vácuo.

A fé consiste em confiar numa saída. Penetrando na densidade dos acontecimentos, ou pelo menos apalpando-lhes a densidade, o crente tem a intuição de que existe uma face escondida por trás dos acontecimentos, e confia que essa face se revele um dia. A fé não enxerga, mas apenas aguarda. Qualquer movimento de fé nesse sentido contém a espera de uma ressurreição.

Assim foi a oração de Jesus: uma expectativa da ressurreição no momento em que essa ressurreição deixou de existir na sensibilidade religiosa em forma de fantasia sedutora para ser apenas paciência, espera, continuidade. Pois a fé na ressurreição não consiste simplesmente em crer que alguém chamado Jesus morreu e ressuscitou. Assim formulada, a crença responderia apenas a um mito. A fé na ressurreição torna-se realidade vivida e existência humana no momento em que, pregado na cruz, o ser humano é chamado ao desafio da esperança contra toda aparência.

"Meu Deus, meu Deus, por que me abandonaste?", essa queixa exprime também uma esperança. Esse Deus não sumiu, ele está ausente, mas pode voltar um dia; ele voltará.

Por um lado, a oração de Jesus é única; por outro lado, ela é o protótipo da oração de todos os discípulos. Da mesma maneira, o testemunho, o martírio e a ressurreição de Jesus são fatos únicos. Eles são únicos no sentido de que são os primeiros. Era necessário abrir o caminho, iniciar um ser novo. O Filho de Deus foi esse ser primogênito eleito para abrir o caminho. Na força e no dinamismo dos seus atos, da sua morte e da sua ressurreição, ele levaria os outros. Todos seriam chamados à mesma oração no mesmo destino, porém, todos o fariam em virtude do primeiro. No primeiro, Deus incorporou todos os imitadores. Jesus venceu a resistência do desespero e abriu as portas da esperança. Levados por ele, nós todos podemos seguir o mesmo caminho. Por isso, nos atrevemos a encarar a mesma esperança. Desde as origens da humanidade, houve homens e mulheres tateando em busca da verdade e da justiça, enfrentando as potências adversas; homens e mulheres que sentiram a angústia e o peso do silêncio e da solidão, o abandono no meio da reprovação e da culpabilização, teimosos na esperança.

"Meu Deus, meu Deus, por que me abandonaste?"

III.
"EU TE BENDIGO, PAI"

Os Evangelhos são muito discretos quanto ao relacionamento de Jesus com o Pai na vida de cada dia durante a sua missão. Dizem que Jesus se retirava para orar, mas não dizem o que era essa oração. No entanto, há uma oração de louvor que por ser única adquire mais valor:

"Eu te bendigo, Pai, Senhor do céu e da terra, por teres ocultado estas coisas aos sábios e prudentes e as teres revelado aos simples. Sim, Pai, porque foi assim que quiseste" (Mt 11,25-26).

ADMIRAÇÃO

Há nesta oração, em primeiro lugar, a expressão de uma admiração. Com certeza, os poetas e os místicos de todos os tempos acharam Deus admirável no sol, na lua, nas estrelas, na terra e no mar. Reconheceram-lhe a beleza na luz e nas cores, nas formas e nos ritmos, na própria criatura humana e em todos os objetos sensíveis ou inteligíveis. Contudo, o que chama a atenção em todas essas formas de adoração religiosa não é o caráter do próprio Deus. Deus fica envolvido na criatura e a admiração por ele se confunde com a alegria de viver e o entusiasmo pela vida do cosmos. A admiração por Deus é simplesmente um aspecto do lirismo espontâneo da pessoa, o que a torna comovedora, sem passar, porém, de fenômeno natural. O ser humano não se extasia diante do sol, como se fizesse a descoberta de uma realidade nova, surpreendente. De certo modo, é verdade que toda experiência estética é novidade e descoberta, porém apenas num sentido fraco e amplo das palavras. Essas experiências renovam apenas impressões estéticas ou, até, extáticas que milhares de gerações fizeram desde sempre.

Assim, o amor descobre a beleza da amada ou do amado como se fosse uma novidade absoluta; porém, todos sabem que essa mesma experiência é a tradição mais constante da humanidade e que até as palavras que a expressam são as mais tradicionais da cultura e são quase as mesmas em todos os povos e entre todos os indivíduos.

A admiração de Jesus, ao contrário, foi provocada por um fato novo, fato insólito que é realmente uma novidade na experiência humana. Fato tão incomum que mereceu ser destacado como exemplar único. Portanto, é legítimo pensar que de todas as obras de Deus esta é a mais imprevista e a mais notável. O fato é que os segredos do Reino de Deus foram entregues aos incultos e iletrados, enquanto permaneciam ocultos aos sábios e aos doutores.

O fato é tão extraordinário que só pode ser explicado por uma intervenção especial de Deus. Escolhendo-o como fato único entre todas as obras divinas, a oração de Jesus salienta que confiar os mistérios aos simples é obra toda especial de Deus. Mais ainda, o Pai revela nela a sua "personalidade". Jesus reconhece aí o "estilo" do Pai. Um fato desse tipo revela a mão de seu autor. Só o Pai poderia ter inventado aquilo.

Jesus admira a "originalidade" do Pai, a idiossincrasia que o leva a realizar obras contrárias ao senso comum. Os seres humanos teriam feito exatamente o contrário. Por exemplo, a tendência da Igreja foi sempre a de exigir dos seus líderes as maiores garantias de ciência e sabedoria humanas. Para receber a ordenação sacerdotal, muitos anos de estudos e muitos exames são necessários. Nenhum dos apóstolos receberia essa ordenação nos tempos de hoje. A Igreja não consegue acreditar na palavra de Jesus dizendo que o Pai reservou a revelação dos seus segredos aos simples. Realmente, o fato é inesperado, e nós mesmos agradecemos a Deus mais vezes os talentos dos doutores do que a ciência dos simples em quem não acreditamos. Ainda hoje em dia, podemos admirar a conduta do Pai, pois ela encontrou poucos imitadores. A nossa Igreja não dá valor nenhum ao que o Pai revelou aos simples. Dá muito valor ao que dizem os teólogos ou os bispos. Estamos longe do verdadeiro Deus.

Contudo, a experiência histórica desmente os preconceitos e as precauções da Igreja e confirma a sabedoria de Deus. O apóstolo Paulo notava em Corinto a renovação do fato que Jesus proclamava: os pobres artesãos de Corinto receberam a revelação dos mistérios que os sábios de Atenas desprezaram. Desde então, o retorno periódico ao espírito evangélico requerido pela reforma da Igreja procede dos simples. O movimento monástico nasceu entre os simples e os ignorantes, e somente mais tarde alguns sábios e doutores souberam aproveitá-lo. Na idade média, o movimento franciscano se destacou entre todos pelo apelo à pobreza, e não foi sem razão que Francisco desconfiava tanto dos livros. Foi bom que os doutores aproveitassem a renovação vivida na vida apostólica reencontrada. Porém, a invasão da ciência esgotou as fontes de espiritualidade fecunda. E, talvez, mais do que nunca, em nossa época se percebe o fenômeno anunciado por Jesus. No momento em que as teologias se esgotam inutilmente à procura de uma vida que se esvazia, a palavra de vida ressoa no coração das massas miseráveis e marginalizadas que a civilização atual engendra. O Evangelho renasce entre os homens e as mulheres que a sociedade rejeita e despreza: as pessoas sem nome e sem peso que o chamado desenvolvimento usa ou ignora de acordo com os interesses dos poderosos. Ali o Pai revela "todas as coisas", enquanto os sábios flutuam na confusão e na indeterminação.

Esse fenômeno nos parece estranho, assim como pareceu estranho ao próprio Jesus. A Igreja parecia sólida e firmemente dirigida por uma burocracia experimentada e disciplinada, baseada numa ciência teológica e canônica funcional, provada pelo tempo; e de uma coesão e uma lógica admiráveis. Desta vez, o Reino de Deus parecia repousar numa sabedoria segura em que se acumulava a experiência dos séculos. Entretanto, toda essa sabedoria se mostra ineficaz.

Hoje em dia essa Igreja que caiu nas mãos dos teólogos e dos canonistas da corte não sabe como dizer o evangelho no mundo atual. Ela multiplica as palavras porque entrou na era da comunicação e se multiplicam as máquinas de fabricar discursos. E toda essa avalancha de palavras nada produz. Mas a palavra dos evangélicos semianalfabetos tem ressonância e converte a Jesus. Como entender isso? Não teríamos que renovar o louvor de Jesus?

Nem sequer em Aparecida os bispos entenderam a oração de Jesus. Acharam que essas palavras de Jesus são bonitas na hora da meditação, mas não devem ser levadas a sério. Jesus seria como uma criança que diz coisas bonitas, mas que não se aplicam à realidade da vida. A Igreja não pode obedecer ao Evangelho. Os sábios sabem mais. Os próprios pobres acabam acreditando nisso e acham que os doutores sabem mais do que eles. Foram bem enganados por uma catequese bem protegida contra o Evangelho.

RECONHECIMENTO

A escolha do Pai, na verdade, é bastante escandalosa. Procuramos ocultá-la ou reduzir-lhe o alcance. Infelizmente ou felizmente, à medida que o tempo passa, comprova-se a velha sabedoria do Pai. Por outro lado, no meio de um mundo que, na sua lógica, estima a ciência e a tecnologia e que coloca nela as suas aspirações e esperanças, proclamar abertamente essa sabedoria do Pai constitui falta de tato, quase que falta de correção ou de decência. Estamos entrando – dizem – numa civilização de conhecimento, e o Pai revela os seus segredos aos simples e ignorantes. Quem pode acreditar nessa palavra de Jesus? No nosso mundo, todos dizem: Jesus está errado, não conhece a nossa civilização moderna. Era um poeta, mas não conhecia a sociedade moderna ou pós-moderna. Devemos aclamar essas palavras de Jesus como se aclamam as palavras dos poetas. Mas a vida real é outra coisa. Ali o que vale é a ciência.

Voltando à oração de Jesus, sentimos pela simples leitura que ela ressoa como desafio. Não podemos deixar de perceber que Jesus pretendeu desafiar os seus ouvintes aberta e publicamente. Essa oração significa um reconhecimento público do Pai por parte de Jesus e um apelo a todos para que adotem o mesmo ponto de vista.

Jesus dirige-se, em primeiro lugar, ao Pai. As suas palavras são de agradecimento, não de agradecimento formal, mas, ao contrário, de agradecimento comovido. Sob a simplicidade das poucas palavras evangélicas, ainda podemos perceber a explosão de entusiasmo com que Jesus constatou o fato imprevisto da revelação aos pobres.

O que acontece é que Jesus não consegue reprimir a sua alegria. Nesse sentido, o canto de Jesus se parece totalmente com o canto de Maria no dia da visitação. Nem Maria nem Jesus podem conter a emoção provocada pelos caminhos de Deus.

Sem dúvida, Jesus coloca-se no meio desses simples aos quais os mistérios foram revelados. Esses simples são os da classe dele, os amigos, os colegas, os familiares, os companheiros, essa categoria de gente pobre no meio da qual ele próprio nasceu, cresceu, se formou. Jesus está alegre porque os seus foram reconhecidos e promovidos, porque o mérito deles ficou patente.

Os sentimentos de Jesus, contudo, não se explicam pela simples solidariedade com os pobres de Nazaré e da Galileia. Seus sentimentos têm também uma razão mais objetiva. Jesus conhece por experiência o valor, a fidelidade e a abertura do coração dos pobres. Já podia saber disso pela história do povo de Israel. Porém, a história de cada dia confirmou o que os livros contavam do passado: os pobres têm mais disposição para recolher em seu coração os sinais de Deus, para meditá-los com inteligência. O próprio exemplo da Mãe de Jesus não era, por acaso, uma prova concreta, imediata, permanente desse milagre?

Portanto, a alegria de Jesus transbordou porque a verdade se revelou e o Pai fez com que essa verdade aparecesse e fosse socialmente conhecida. É verdade que as pessoas simples são mais acolhedoras dos segredos divinos e o Pai quis que essa verdade fosse manifesta. Desse modo, o Pai escandalizava e feria os preconceitos das burocracias dos templos ou das escolas teológicas de todos os tempos. Jesus bem sabe que se o próprio Pai não tivesse claramente manifestado o apreço que tem aos simples e aos pobres, as burocracias religiosas nunca se teriam atrevido a fazer tal disparate. Prudentemente, as escalas de valores das instituições de ensino cristão teriam coincidido com as escalas de valores da sabedoria comum. Aqui mesmo, no Brasil, muitos se alegraram porque o Ministério da Educação atribuiu valor universitário às escolas de teologia. Acham que isso é uma promoção. A promoção seria afastar-se do Evangelho e adotar o modo de pensar das Universidades. Por acaso o conhecimento de Deus tem o seu lugar nas Universidades? O que Jesus pensaria disso? Parece ser que ao se afastar do Evangelho há mais alegria.

Somente o Pai poderia abalar as seguranças burocráticas dos representantes de Deus na terra. Com essa predileção do Pai, pode ser que os sacerdotes se dignem de vez em quando conceder um olhar de atenção aos simples e aos pobres. Dessa forma poderiam de vez em quando receber algo da sabedoria de Deus e emancipar-se das sabedorias burocráticas que querem impedir a revelação da sabedoria de Deus.

Além disso, Jesus vê na predileção do Pai o restabelecimento da justiça. Neste mundo, todos os privilégios estão concentrados em poucas mãos. Quem teve a sorte de cair ao lado dos privilegiados recebe tudo. Quem caiu para o lado da pobreza nada consegue. Quem foi privilegiado consegue sempre além dos próprios méritos. O outro fica sempre aquém dos méritos. A virtude dos ricos sempre é mais louvada, os seus vícios mais facilmente perdoados; a sua ciência é mais apreciada; todos recebem o crédito de um preconceito favorável. Já o pobre deve fornecer duas vezes mais garantias para que se lhe dê confiança. As parábolas do Evangelho segundo Lucas mostram como Jesus é sensível a essa injustiça habitual da sociedade humana. Basta lembrar a parábola do rico e do pobre Lázaro que jazia na porta da mansão do outro (Lc 16,19ss).

Aos olhos de Jesus, o modo de agir do Pai faz resplandecer a justiça. O Pai coloca de novo as coisas no seu lugar, destrói os desequilíbrios que resultam dos preconceitos sociais. O Pai oferece aos simples uma magnífica compensação por todas as humilhações da vida social. Sem dúvida, a economia da salvação constitui uma compensação. É justo que aqueles que saem sempre prejudicados, cujos méritos nunca são reconhecidos, sejam tirados da marginalização e que lhes seja oferecido um papel de destaque nas obras de Deus. O Pai mostrou que a sua justiça permanecia insensível aos falsos preconceitos sociais, superior às convenções e às regras de etiqueta humana. O Pai poderia dar-se ao luxo de praticar a justiça indo tirar os humildes do último lugar para fazê-los subir até os primeiros lugares.

Daí a alegria de Jesus por esse ato de justiça. Pois as obras da criação proclamam o poder e a grandeza de Deus, mas a sua justiça proclama a grandeza de seu coração, e esse ato de justiça brilha infinitamente mais do que todas as estrelas do céu.

Pode ser que essa justiça de Deus não provoque em nós o mesmo entusiasmo. Pode ser que as estrelas do céu nos entusiasmem mais do que a justiça do Pai na promoção dos pobres. Isso seria apenas sinal de que não conhecemos os pensamentos do Pai. Ou, talvez, sinal de que não conhecemos a extensão e a profundidade da injustiça feita aos pobres e a espera de justiça que está latente no corpo da humanidade.

Na perspectiva de Jesus, a revelação do Pai aos simples antecipa o juízo final. Ela não é somente o anúncio, mas desde já o início do julgamento e da sentença final. Desse modo ela é o sinal concreto e o argumento irrefutável desse julgamento. No fim, Deus restabelecerá o equilíbrio e dará a grande compensação aos que sempre foram vítimas mudas.

Portanto, o louvor e o agradecimento de Jesus são o anúncio e a expressão antecipada do cântico de agradecimento da criação inteira no dia do juízo final. Conhecemos esse cântico final pela revelação de João:

"Graças te damos, Senhor Deus Todo-poderoso, que és e que eras, porque exerceste o teu grande poder e estabeleceste o teu reinado. As nações encolerizaram-se, mas foi tua cólera que chegou. É o tempo do julgamento dos mortos, tempo da recompensa para teus servos, os profetas, os santos e os que temem o teu nome, pequenos e grandes, tempo da destruição para os que destroem a terra" (Ap 11,17-18).

"Grandes e admiráveis são as vossas obras, Senhor, Deus soberano! Justos e verdadeiros os vossos caminhos, ó Rei das nações! Quem não temeria, Senhor, e não glorificaria o vosso nome? Só vós sois santo e todas as nações virão prostrar-se diante de vós, pois a retidão do vosso julgamento se tornou manifesta" (Ap 15,3-4).

O que a criação inteira aclama no fim das obras do Pai, Jesus o reconhece no momento em que elas entram na História. Jesus percebe desde o princípio a originalidade das obras divinas, a autenticidade da sua justiça.

OS SIMPLES

Entretanto, a justiça do Pai manifesta uma relação inseparável entre os pobres e a revelação dos segredos do Reino. Se fosse apenas para lhes oferecer uma compensação por todas as injustiças da vida social, Deus podia ter escolhido benefícios materiais. A compensação escolhida responde a disposições que são próprias dos pobres e dos simples. Deus não lhes ofereceu indenizações materiais, mas entregou-lhes os seus segredos porque achou que havia neles uma receptividade particular e, portanto, uma correspondência especial como o dom. Em que consiste essa correspondência?

Para respondermos a essa pergunta, precisamos partir da natureza da revelação divina. Não se trata de nenhuma receita de êxito, nenhuma técnica de exploração do mundo. Em outras palavras, a revelação do Pai não representa nenhum capital, capaz de frutificar. Se fosse capital, os capitalistas seriam mais capacitados e também muito mais interessados.

Na realidade, os segredos do Pai são de tal natureza que os capitalistas não lhes atribuem nenhum valor. Aparentemente, a História desmente essa afirmação. Tantas vezes no passado, e ainda no presente, os capitalistas procuram manipular as instituições e as pessoas eclesiásticas, justamente porque descobrem nelas riquezas que se podem explorar. Encontram nos bens da Igreja recursos que os próprios eclesiásticos não descobrem e sabem manobrá-los para o próprio proveito. É verdade. Porém aquela parte da Igreja que se presta à manipulação é justamente a que não recebe os segredos do Pai. Estes são os segredos de uma sabedoria humana que uma prudência humana achou bom acrescentar aos mistérios divinos (para torná-los mais acessíveis? Ou menos divinos e menos temíveis?).

As coisas do Pai não interessam aos sábios nem aos poderosos. Não fornecem meios para o ser humano adquirir maior prestígio ou se tornar mais rico ou mais astuto. Na verdade, o que o Pai revela para os pobres não constitui propriamente uma ciência ou uma teoria. É, muito mais, uma prática, uma vida. O Pai oferece-lhes os segredos do seu Reino com o fim de convidá-los a participar da vinda desse Reino, do seu advento. O dom do Pai é ao mesmo tempo pedido. Deus pede o que dá e dá o que pede. O Pai mostra aos simples o modo de serem os evangelizadores dos seus segredos.

Como poderia tal ciência interessar aos grandes deste mundo, que vivem preocupados com tantos outros interesses menos com o Reino de Deus? Os grandes não têm tempo para perder em assuntos que não contribuem para sua própria ascensão. Os grandes têm a responsabilidade de si mesmos, uma responsabilidade que não lhes permite nem liberdade, nem descanso, nem distração. A perspectiva do Reino de Jesus só poderia atrapalhar-lhes a vida.

Justamente é entre os pobres e os simples que se encontram pessoas disponíveis, livres de espírito e de coração, acolhedoras e desinteressadas. Entre elas se acham candidatos para as obras que não dão lucro, mas que exigem tempo, energias, dinheiro e sacrifícios.

Quem fez a separação entre receptores e não receptores dos segredos do Pai não foi Jesus. Ela se realizou por si mesma. Entre os poderosos houve alguns simpatizantes, mas nenhum colaborador.

Os pobres são seres humanos como os outros. A vantagem que têm aos olhos de Deus é que lhes falta o sentimento da importância de si mesmos; acham normal servir e colocar-se a serviço de outra coisa que não seja a sua própria pessoa. Essa é a disposição mais difícil de conquistar por quem não a tem porque possui a preocupação de defender os seus privilégios concedidos pela sociedade.

Os simples estão mais abertos. Os sábios estão apegados à sua própria sabedoria e menos abertos a receber segredos divinos. Acreditam nos seus conhecimentos assim como faziam os doutores da Lei nos tempos de Jesus. Quem já sabe não está disposto a aprender uma ciência que desmente a sua própria ciência.

O segredo do Pai é a revelação da cruz de Jesus. Quem está mais disposto a entender a cruz são justamente aqueles que já vivem crucificados. Para os outros, a ciência da cruz é intolerável como foi intolerável para os sábios de Israel e para os sábios gregos.

Os pobres que constituíram o povo de Israel, o povo de Deus, tanto o dos tempos antigos como o dos tempos recentes, são aqueles que se mantiveram alheios ao desejo de acumular, livres da avareza, com tempo disponível, com recursos disponíveis, com pensamentos disponíveis, não se preocupando com a própria ascensão, livres dos laços que os bens daqueles que tudo acumulam criam inevitavelmente. Nessa pobreza há sempre parte de escolha e de liberdade. Não é pura pobreza forçada ou constrangida.

Os verdadeiramente simples e pobres estão alertas, pressentindo que algo sempre pode suceder – um chamado, uma necessidade, uma obra urgente. Seus planos permanecem flexíveis, abertos a mudanças se for preciso. Sua percepção permanece atenta aos apelos de fora, não se acha concentrada em si mesma, nem polarizada pelo interesse pessoal.

Os simples receberam os mistérios do Reino de Deus sem pensar que fosse privilégio. Receberam-nos porque havia alguém que precisava deles e os chamava. Jesus foi quem lhes revelou que se tratava de um privilégio de Deus.

Podemos perguntar-nos a respeito das razões ocultas dessa escolha. Jesus não as menciona. Não surpreende propriamente essa eleição como se fosse o resultado de uma lógica teórica, ou de uma necessidade metafísica, ou de uma dialética sutil. A admiração de Jesus procede de uma surpresa. O próprio Jesus ficou surpreendido por um comportamento tão incomum do Pai, fazendo o contrário daquilo que todos fazem. Isto quer dizer que para o próprio Jesus houve esse elemento de imprevisto. O fato da eleição dos simples acima dos sábios e prudentes já é parte dos mistérios do Reino de Deus. O Reino já se revela pelo simples fato de se comunicar aos simples. A sua natureza fica patente nesse momento.

REVELAÇÃO

O Pai se revela. Esse é o milagre que Jesus agradece ao Pai. A proclamação publicada por Jesus é consoladora, mas não deixa de ser, ao mesmo tempo, uma provocação. Se o Pai se revela agora aos simples, quer dizer que tinham razão os pobres de todas as civilizações e também os filhos de Abraão e de Israel que guardaram fielmente as promessas durante tantas gerações. Porém, o fato significa também que todas essas pessoas ficaram aquém da verdadeira revelação. Todas as suas aspirações receberam uma confirmação nos conhecimentos dados aos simples, ouvintes de Jesus.

O que mais preocupa a inteligência humana no processo de revelação é a sua seletividade. O conhecimento do Pai não é dado a todos e sim a alguns. Nem todos o podem averiguar. Essa seletividade escandaliza qualquer espírito científico. O princípio fundamental da ciência e da filosofia é que toda verdade está ao alcance virtual de qualquer pessoa. Se uma proposição não pode ser verificada por uma pessoa qualquer, colocada em igualdade de meios de conhecimento, ela não vale. O que gera a convicção numa experiência é o fato de que qualquer pessoa pode repeti-la, e conseguir os mesmos resultados. A verdade é aquilo que pode ser reconhecido como tal por todos. A verdade é única e universal. O objetivo último da filosofia e das ciências sempre foi a verdade universal. Desde os filósofos gregos, todos sabem que a opinião de uma pessoa ou de algumas pessoas não pode ter valor filosófico. A diferença entre a opinião e a ciência consiste justamente nisto: que a ciência é universal e a opinião particular.

Qualquer teologia cristã constitui, por isso mesmo, um paradoxo insolúvel. Por natureza, a teologia aplica à revelação do Pai os métodos e os critérios de pensamento das disciplinas vigentes numa época determinada. Ora, esses métodos são universais, pelo menos intrinsecamente. A teologia trataria de mostrar a racionalidade do cristianismo de um modo que todos poderiam perceber.

Ora, por definição, a revelação do Pai não é acessível a todos. Não derivaria daí a consequência que a teologia cristã se afasta de seu objetivo à medida que ela se torna compreensível a todos? À medida que as proposições teológicas se tornassem aceitáveis por todos, elas deixariam de representar a revelação do Pai?

Por outro lado, estaríamos totalmente errados se procurássemos a solução do enigma do lado das revelações esotéricas ou das ciências ocultas. A revelação do Pai não exige nenhuma iniciação, nem mesmo uma preparação ascética. Não se diz que os simples e os pobres de Jesus sejam mais mortificados ou ascetas. Tudo indica que eles se importam pouco com as práticas ascéticas dos fariseus. Muito menos poderíamos recorrer a certas faculdades mediúnicas que são dadas apenas a certas pessoas. Nada de ocultismo nas palavras de Jesus.

O que é que torna os simples mais aptos para receberem essa revelação? Qual é o contexto que condiciona a recepção da mensagem de Deus? A resposta a essa pergunta não deixa dúvidas: para receber a mensagem do Pai, é preciso viver de modo evangélico. O modo de viver dos discípulos é essa condição. No sermão da montanha, todas as realidades humanas assumem outro aspecto. A pessoa que aceita entrar nesse modo de ser começa a perceber as coisas de modo diferente.

Ora, os simples e os pobres de quem Jesus fala são justamente os que, consciente ou inconscientemente, se situam dentro do modo do sermão da montanha. Assim fazendo, consciente ou inconscientemente, eles modificaram as suas capacidades intuitivas.

O olhar muda, deixa de enxergar certas coisas e começa a enxergar coisas invisíveis aos outros.

Em outras palavras, é preciso começar a praticar a revelação do Pai para receber sua comunicação. Tudo parte da coincidência entre os dois preceitos do amor a Deus e amor ao próximo. Por um só ato, o ser humano descobre no estranho um próximo e Deus no próximo. Qualquer pessoa torna-se próximo, torna-se portadora do Deus que assim a apresentou.

Esse tipo de experiência de Deus desanima os aficionados de experiências estéticas. A experiência do Pai não é particularmente estética nem exalta os sentidos ou a imaginação. Pelo contrário, surpreende pela simplicidade. Aliás, é apenas uma promessa de presença, muito mais do que uma presença imediata. É a percepção de uma dimensão nova na experiência de objetos comuns. Sobretudo a percepção de um amor novo dentro de formas muito comuns e que não chamam a atenção. O encontro com o Pai, de que fala Jesus, é pressentimento que chega a alcançar um estado de certeza sem poder apresentar argumentos sensíveis. É como a certeza de quem sabe que está sendo esperado, é uma certeza baseada num pressentimento e sem experiência sensível.

A parábola do juízo final (Mt 25) mostra de que maneira o Pai e o próprio Filho desejam ser conhecidos: não de modo espetacular, e sim na forma de convivência prática; não como objetos exteriores de contemplação, e sim como aliados compenetrados e quase invisíveis pela identificação com a atitude do próprio sujeito. O Pai torna-se tão familiar e tão simples aos olhos de quem procura a prática do Evangelho que não é preciso nem falar nele.

Se quisermos comparar o conhecimento de Deus com o amor humano, diremos que o amor de Deus não se parece com as formas exaltadas e impacientes com que o eu e o tu se buscam nos primeiros anos, e sim com a simpatia de fusão de um simples acompanhamento dos últimos anos. Somente os simples e os pobres perseveram suficientemente na prática do Evangelho para que a certeza da revelação do Pai se estabeleça. Ao desejo de saber e à precipitação das ciências, a revelação do Pai não se entrega.

ORAÇÃO DE LOUVOR

"Eu te bendigo, Pai, por teres ocultado estas coisas aos sábios e prudentes e as teres revelado aos simples" (Mt 11,25). Esta é, afinal, a única oração de louvor de Jesus na tradição evangélica. Essa expressão única mostra, ao mesmo tempo, qual é o lugar dessa oração e qual é o tema dela.

Deus não precisa de culto. As celebrações não lhe conferem nem benefício nem satisfação. Os profetas já o proclamaram e os místicos de todas as religiões o pressentiram. Contudo, o louvor pertence a uma necessidade humana. A pessoa encontra-se a si mesma na descoberta do Pai. Se o Pai se revela, é para ser conhecido como Pai e não somente assimilado como as substâncias materiais são assimiladas pelo corpo. O espírito conhece dentro de um reconhecimento mútuo. Deus comunica-se para que saibam que ele está. Se Deus pode ser conhecido implicitamente por um caminhar de anos e de uma vida inteira na sua luz, contudo, esse conhecimento tende a um reconhecimento final. E o reconhecimento se faz numa troca de palavras.

Quais são as palavras que a pessoa pode pronunciar diante de Deus? Aquelas mesmas que o Pai pronunciou. A conversa do amor pode ser outra coisa senão as palavras de cada um reassumidas pelo outro para que as duas palavras sejam a mesma e ambos se unam na mesma palavra? Por isso, a oração de louvor diz de novo o que o Pai já disse, repete a revelação do Pai. Há nisto um ato de aprovação, aceitação e identificação. Diz-se ao Pai: "Tu fizeste isto ou aquilo, tu disseste isto ou aquilo". Os salmos e os textos litúrgicos não fazem outra coisa.

A ciência culmina nos relatórios das experiências e na exposição fria das teorias. A filosofia culmina no ato de escrever a meditação. O conhecimento de uma pessoa culmina na exclamação: "És tu!" com os atributos dessa pessoa. Assim, o conhecimento do Pai culmina numa exclamação em que se proclama o que o Pai fez de mais pessoal, mais significativo: as obras em que ele se manifestou de acordo com a sua intenção mais autêntica.

A expressão do louvor não é necessária, rigorosamente falando, porém espontânea. Assim como qualquer expressão de arte seria, economicamente falando, gasto inútil. Porém que seria a vida humana sem expressão artística? Assim, que seria a vida humana, se não fosse capaz de expressar a admiração provocada pelo reconhecimento do Pai, por esse conhecimento que as pessoas sempre procuraram no que há de mais íntimo, mais secreto nelas?

Sempre será legítimo expressar novamente os louvores que as religiões, os místicos e os filósofos elaboraram no decorrer dos tempos, inclusive renovar-lhes a inspiração ou acrescentar-lhes elementos novos. Contudo, aos cristãos convém celebrar, em primeiro lugar, a novidade que lhes foi comunicada. Essa novidade é, como disse Jesus, o caminho incompreensível do Pai: o admirável movimento da palavra divina aberta aos simples e fechada aos sábios.

IV.
ORAÇÃO PELO UNIVERSO

A mais comprida das orações de Jesus encontra-se no Evangelho segundo João. Todos os exegetas e os mais desprevenidos dos leitores não deixaram de perceber a diferença entre o estilo dessa oração e o estilo das orações dos evangelhos sinóticos. Já a própria extensão da oração de Jesus na última ceia constitui uma diferença notável. Evidentemente, a mão do redator, João, ou dos redatores sucessivos que a tradição escondeu finalmente sob o único nome do Apóstolo João, tornou-se muito mais presente ainda do que no caso dos evangelhos sinóticos. O estilo é inconfundivelmente o estilo da redação.

Até que ponto os redatores lograram restituir o próprio estilo de Jesus? Até que ponto restituíram apenas o estilo da linguagem religiosa da civilização helenística? Afinal, importa pouco. Deixemos aqui de lado a questão de estilo. Os temas representam o núcleo da mensagem de Jesus.

Aliás, no próprio estilo de João, há uma resposta ao problema de identificação que nos colocamos. Nos discursos do quarto Evangelho, sobretudo no discurso após a ceia, e, de modo todo particular, nesta última oração do capítulo 17, a redação conseguiu reunir no menor número possível de palavras, numa gramática simples, a mais primitiva possível, com a menor dose possível de artifícios literários, ao mesmo tempo o resumo condensado de todas as orações do universo e de todas as criaturas humanas e toda a mensagem de Jesus. Assim, torna-se manifesto que Jesus reassume o essencial da linguagem universal para enunciar a sua própria mensagem. Tudo sucede como se Jesus não tivesse estilo e conseguisse fazer a síntese de todos os estilos religiosos.

Por isso, damos a essa oração o nome de oração pelo universo. Em primeiro lugar, é a recapitulação da oração que o universo pronuncia, pronunciou e pronunciará no decorrer dos milênios. Jesus recapitula tudo o que aconteceu à humanidade e faz os pedidos fundamentais, aqueles que estão por trás de todos os pedidos. Essa oração de Jesus expressa as vozes de todos os seres humanos, de todos os dramas da História, grandes e pequenos, sublimes e sórdidos. Pretende reduzi-las finalmente ao essencial. O que há de consistente nessas vozes humanas fica condensado em algumas linhas fulgurantes. A própria voz de Jesus faz a seleção, deixando cair tudo o que não tem peso nem força, para dizer o que vale a pena dizer.

Em segundo lugar, a oração de Jesus enxerga o destino da humanidade para formular o essencial. No meio da variedade imensa de expressões pelas quais os homens expressam constantemente a mesma patética condição humana, destaca-se uma esperança única e um desejo único. Aqui também a oração de Jesus escolhe, deixando cair tantos sentimentos subsidiários e sem valor, retendo apenas o movimento fundamental. Esta é a oração pela esperança humana, para que a esperança chegue à plenitude das promessas. É a oração por todos e por tudo.

Finalmente, esta oração ainda é oração pelo universo porque nela a totalidade se torna universo. Jesus unifica, em intenção e em verdade, a totalidade dos seres que vivem, viveram e viverão, juntando-os numa só intenção como se todos fossem uma só realidade. Isto quer dizer que, justamente pela atuação de Jesus, a totalidade da criação alcança um nível de unidade e de universo. Ou que, em Cristo, a universalidade dos entes criados se reconhece unida num só universo. A oração de Jesus é a voz na qual todos se juntam e o universo se descobre como universo. Eis o que era preciso explicitar para justificarmos o título de oração pelo universo.

No centro do universo

"Pai, chegou a hora". Assim começa a grande oração de Jesus, que João coloca no final dos discursos após a última ceia. Antes de considerarmos analiticamente essa oração, convém destacarmos o significado de conjunto.

"Chegou a hora": esta introdução permite definir o alcance da oração. Na perspectiva do quarto Evangelho, a "hora" de Jesus será tomada no sentido mais solene, mais importante que se pode imaginar. Em todos os sentidos da palavra, é "a hora", a única hora do universo, o momento mais importante, o único que merece ser chamado desse modo. Aos olhos de João, essa é a hora esperada por toda a História anterior, a hora incrível, pois a História não tem nem centro nem periferia e todos os momentos são iguais. De certo modo, é verdade que podemos dizer, como dizia o fundador da ciência histórica moderna, Ranke: "todos os tempos são vividos na presença de Deus e em referência a ele. Não há tempo privilegiado". Contudo, a Bíblia afirma que há uma exceção e o Evangelho de João define essa exceção. O momento em que Jesus toma a palavra neste capítulo 17 de João é o momento único que permite dizer que há um centro na História do mundo. Tudo o que aconteceu antes anunciou e preparou esse momento, e tudo o que virá depois procede dele.

"Pai, chegou a hora": Jesus sabe que o discurso que ele vai proferir se situa no centro da História. Pronuncia-o com plena consciência da unicidade do tempo escolhido. Dissemos antes que a sua oração era a oração pelo universo. Pois bem, essa oração pelo universo havia de ser pronunciada a partir do centro da História do mundo. Jesus coloca-se no centro, ocupa aí o seu lugar, como o atleta no centro do estádio. A partir do centro, sua visão concêntrica permite-lhe enxergar o conjunto da História, desde a memória do passado até a esperança do futuro.

O centro de que se trata aqui não deve ser entendido no sentido material ou geográfico. É o centro qualitativo, isto é, o ponto privilegiado que constitui o contato com todos os tempos, a partir do qual é possível obter uma visão de conjunto da realidade e atuar de modo decisivo na evolução da criação. Sem dúvida, esse conceito de centro devia responder à consciência de Jesus, e João restituiu fielmente a verdade histórica, ainda que Jesus não tivesse explicitado formalmente essa consciência na presença dos discípulos, o que não poderíamos afirmar nem negar com argumentos científicos.

"Pai, chegou a hora": esta é a hora em que se articula o drama, o debate da humanidade; ao redor da morte e da ressurreição de Jesus atuam todos os fatores que fazem a matéria do debate. Frente a Jesus, face a face, acha-se o mundo. E o combate entre Jesus e o mundo é finalmente o assunto de todas as tragédias humanas; em cada existência humana, e no seio de cada sociedade, o mundo cede às potências e o ser humano luta contra essas potências para libertar a verdade. O ser humano diante do mundo, eis o drama concentrado no momento em que Jesus comparece perante os tribunais de Jerusalém. Nesses tribunais precisamos olhar além das aparências. Na realidade, além do incidente do primeiro século da nossa era, estão presentes os debates de sempre, os juízes e as testemunhas, o mundo e a criatura humana, e as potências do mundo que aproveitam o debate para tirar dele algumas vantagens. Eis a hora em que o ser humano se apresenta face ao mundo e o mundo revela a sua verdadeira natureza na presença do Filho.

A hora é também o centro de vida de Jesus, o momento em que todos os seus atos anteriores encontram sua razão de ser, em que também todos chegam à conclusão. Se Jesus veio para glorificar o Pai manifestando-o às pessoas, a paixão e a ressurreição constituem o ponto alto dessa glorificação. A poucos instantes da morte, Jesus recapitula a vida inteira. A abertura do Pai, para as criaturas humanas, essa revelação que ele lhes faz de si mesmo na pessoa do Filho atinge o auge no acontecimento da Páscoa. A oposição do mundo chega também a se polarizar. A palavra de Deus ressoa mais do que nunca. A sua morte e a ressurreição constituem a palavra. Tudo o que foi dito antes se expressa agora.

Chegou a hora em que o mundo é mundo, o Pai se manifesta como Pai, o Filho é Filho. Todos os atores que fazem a História do mundo se destacam e o drama se concentra. Lutam entre si um amor e um ódio. O ódio do mundo acha-se em estado puro; aquele ódio que também perseguirá continuamente os discípulos. E o amor de Deus apareceu; aquele amor que se estende a partir do Filho para todos os discípulos. A criação inteira vive o debate entre esse ódio e esse amor que rivalizam no cenário do mundo desde sempre.

Chegou a hora em que se tornam manifestas as realidades da criação; o que faz a substância e o valor das coisas, o que sustenta a existência: a glória, o nome. Toda glória procede do Pai, bem como o peso da existência e o valor da vida. Nas nossas línguas modernas, não existe palavra para expressar a glória. Poderíamos dizer o peso, a força, o valor. O Pai é glória e tudo o que procede dele recebe dele glória. O Filho manifesta a glória do Pai e, manifestando-a aos homens, restitui glória ao Pai. Porém, a glória do Pai passa para o Filho; é o que o acontecimento da Páscoa realiza. Pelo mesmo fato, o Filho manifesta o nome do Pai. A glória e o nome aparecem finalmente do alto da cruz. A partir desse centro do mundo, a glória, o nome, a palavra irradiam. A obra de Jesus realiza-se.

A essa hora se cruzam os dois movimentos: o primeiro que procede do pai e se dirige às pessoas, o segundo que procede das pessoas e se dirige para Deus. O cruzamento afeta ao próprio Jesus e, nele e por meio dele, a todos os discípulos. A glória de Deus desce em plenitude sobre Jesus, e ele próprio volta ao Pai. A palavra de Deus atinge os discípulos e eles próprios começam a caminhar para o Pai.

Oração

O conteúdo dos pedidos de Jesus cabe em poucas palavras. Aqui também tudo ficou reduzido ao essencial. O essencial aplica-se tanto a Jesus como aos discípulos. O essencial é que seja feita a vontade do Pai, seja Ele glorificado no Filho de acordo com o plano, isto é, na paixão e na cruz, assim como na ressurreição. O essencial para os discípulos, diante do mundo ao qual eles são enviados: "guarda-os do mundo"; diante do Pai que os escolheu: "guarda-os no teu nome".

A palavra *guardar* indica que depois da hora nada pode acontecer que seja realmente novo. Na sua hora, Jesus salvou os discípulos do mundo, tornou-os livres; desde então, o que sucederá se resume numa palavra: guardar, conservar. Da mesma maneira, na hora de Jesus, eles receberam o nome, a glória, a palavra. Foram colocados na presença do Pai. Desde então, a história do cristianismo consistirá em guardar esse nome que foi assim manifestado.

Essa oração é de uma hora e de todas as horas. Por ela todas as orações se vinculam com a única que importa. Jesus sabe que está pronunciando a oração que os discípulos repetirão para sempre. Mais abstrata do que a fórmula que ele mesmo ensinou, a oração após a ceia contém os mesmos temas básicos. Nos pedidos de Jesus não há nada que não seja a vontade do Pai.

O Pai atenderá essa oração. O Pai faz a vontade do Filho, o Filho faz a vontade do Pai. Essa concordância já foi enunciada no quarto Evangelho em outros contextos. Na narração da ressurreição de Lázaro, Jesus dirige-se ao Pai: "Pai, graças te dou, por me teres ouvido. Bem sabia, aliás, que sempre me ouves, mas digo isto pela multidão que me rodeia para que creiam que me enviaste" (Jo 2,41-42).

No início da segunda parte do Evangelho, João enunciou no seu próprio estilo a oração que os sinóticos puseram no jardim de Getsêmani: "Pai, livra-me desta hora! Mas é para isso que cheguei a esta hora! Pai, glorifica o teu nome!" (Jo 12,27).

O acordo das vontades não resulta de uma dominação do Pai. Não há sistema de constrangimento para forçar a vontade. Pelo contrário, a vontade do Pai despojou-se de todos os mecanismos de poder. Não traz consigo nem sequer os símbolos exteriores de poder que revestiram tantas vezes na História os hierarcas religiosos, inclusive os cristãos. A vontade de Deus não traz aspectos de ameaça. A conformidade da vontade do Filho com a vontade do Pai resulta de uma disposição intrínseca. Assim será a disposição dos discípulos. O que se lhes pede é que a oração seja o resultado ou o meio para chegarem ao acordo com a vontade do Pai. A oração padrão é aquela pela qual o discípulo alcança pedir o que Jesus pediu. Não vale a submissão exterior do fraco que cede diante da vontade do mais forte. Os discípulos perscrutam a palavra do Pai que o Filho lhes ensinou até o ponto de poderem querer exatamente o que o Pai quis. Assim fazendo, não abdicam da própria autonomia, nem da própria dignidade, nem da razão de ser. Pois a vontade de Deus é a sua própria ascensão: "Eu lhes dei a glória que tu me deste".

Sabemos, no entanto, que essa oração típica é para nós, no concreto, uma oração limite. Com efeito, no concreto da existência humana a oração é, ela também, debate entre duas vontades. Por um lado, a incapacidade do ser humano de se elevar até a disposição de Jesus e, por outro lado, o apelo para cima. Ambas as vozes ressoam simultaneamente. Custa para a pessoa saber qual é a voz que exprime o seu desejo mais sincero. Custa descobrir a voz da verdade. Mais vezes a pessoa permanece indecisa, assistindo como se fosse espectadora de si mesma ao debate interno, perscrutando a própria consciência para saber: quem sou eu? Qual é a voz que fala em meu nome?

Por isso, dizemos que se trata de uma oração limite. Essa é a oração a que fomos chamados e cujo crescimento constitui o desafio da formação da personalidade cristã.

Glorifica teu Filho

"(1) Pai, chegou a hora: glorifica teu Filho, para que o teu Filho te glorifique (2) e que, pelo poder que lhe deste sobre toda criatura humana, ele dê a vida eterna a todos os que lhes deste. (3) A vida eterna consiste em que te conheçam a ti, verdadeiro e único Deus, e a Jesus Cristo, teu enviado. (4) Eu te glorifiquei na terra, levando a cabo a obra que me tinhas encarregado de executar. (5) Agora, ó Pai, glorifica-me com a glória que tinha junto de ti antes que o mundo existisse".

A palavra "glória" aparece 169 vezes no Novo Testamento. Traduz o hebraico "kabod". A palavra "glória" quase desapareceu da nossa linguagem. Usava-se muito no tempo dos reis, dos nobres, dos castelos que eram manifestações de glória. Para celebrar essa glória levantavam monumentos. Na Bíblia, a palavra "glória" está quase totalmente reservada a Deus ou aos lugares de presença de Deus, como o templo de Jerusalém

Não temos atualmente nenhuma palavra que expresse a mesma coisa. A glória seria o poder, a força, a beleza, a grandeza, a vitória, o triunfo. A glória significa tudo isso, mas não temos palavra para dizer tudo isso ao mesmo tempo.

A palavra "glorificar" significa dar glória, mostrar glória, manifestar glória. Também não temos palavra para isso. As palavras "celebrar", "homenagear", "aclamar", "publicar" são fracas demais e precisaríamos achar uma palavra para dizer tudo isso. Não usamos mais "glorificar" porque a nossa sociedade mais democrática não glorifica. Os poderosos e os ricos não manifestam o seu poder, não querem as aclamações, preferem que o seu poder e a sua riqueza permaneçam ocultos. Antigamente não era assim. Os poderosos faziam ostentação do seu poder.

A glória de Deus e a glorificação de Deus são diferentes da glória ou da glorificação dos reis ou dos imperadores. Deus não quer impor o seu poder, quer apenas manifestar o seu amor e a sua beleza. A glória de Deus não espanta os discípulos, mas ela alegra sumamente. Pois ela permite ver algo próprio de Deus. Ninguém aqui pode ver Deus, mas podemos ver a sua glória, como manifestação exterior.

Há uma só obra de Deus. Deus realiza uma única obra em que se recapitula o destino de todas as criaturas. Essa obra recebe o nome de "glorificação". Deus projeta para fora, publicamente, o seu ser, transmite a sua abundância, exterioriza o seu ser para que seja fecundo e dê a vida: nisto consiste o seu ato de glorificação. No ato de glorificar há sempre um aspecto de publicidade: fazer aparecer, proclamar, mostrar aos olhos, ao desejo, às aspirações das pessoas. Há também um aspecto de comunicação do ser. A originalidade da teologia de João consiste justamente em que o canal da comunicação do ser é a publicação. Não se trata de uma comunicação de tipo material, e sim de uma transmissão de espírito para espírito, portanto, de uma transmissão que se faz em forma de "se propor" à consciência do outro para que o outro se abra e, pela interioridade da consciência, receba a vida. Deus é glorificado quando nós recebemos a vida plena.

Consequentemente, há três etapas na glorificação, três níveis de exaltação, ou três "subidas". A primeira forma de glorificação (mostrar a sua glória) é a proclamação pela palavra, o testemunho, primeira manifestação pública direcionada ao mundo; a segunda é a exaltação na cruz, a exposição na praça pública do mundo, que à primeira vista é derrota e vergonha, mas que para quem tem fé é exaltação, beleza, maravilha; a terceira é a exaltação no Reino após a ressurreição, cujo testemunho ressoa pela voz dos Apóstolos no mundo inteiro. São as três etapas da palavra do testemunho, as três manifestações públicas, as três "elevações" da testemunha, as três etapas da glorificação.

O Pai glorifica o Filho dando força à sua palavra e às obras ou sinais que realiza durante a pregação; glorifica-o ainda na cruz, glorifica-o finalmente na ressurreição.

O estilo de João confere ao pedido de Jesus acentos de serenidade solene: "glorifica teu Filho". Contudo, estas palavras se referem à morte na cruz, a glória de que se trata aqui é o "cálice", como dizem os evangelhos sinóticos. Jesus aceita o caminho da glorificação determinado pelos desígnios do Pai.

Simultaneamente, Jesus glorifica o Pai em três etapas: pela palavra, pela cruz e pela sua missão eterna de ressuscitado. Os mesmos atos constituem a glória do Pai e a glória do Filho.

Agora "chegou a hora": Jesus levou a cabo a primeira etapa da glorificação do Pai, e foi ele próprio glorificado. Terminou a obra de que o Pai o encarregou na terra, a obra de dar o testemunho da palavra; essa obra, Jesus se prepara para lhe dar o último cunho e a forma definitiva pelas palavras que pronunciará diante do representante do império romano, representante do mundo naquela oportunidade. Uma vez terminada a primeira etapa, vem o convite para a segunda. A essa segunda etapa se refere Jesus pelas palavras: "glorifica teu Filho" (1). E a terceira já está em vista no segundo pedido: "glorifica-me com a glória que eu tinha junto de ti antes que o mundo existisse" (5).

Por outro lado, a glória de Deus, do Pai ou do Filho significa da mesma forma para as criaturas humanas a vida eterna. A glória de Deus é vida dos homens e das mulheres. Pois viver é conhecer o Pai e o Filho. Publicando pela palavra a glória do Pai e do Filho, Jesus suscita a vida nos seus discípulos. Há uma só fonte de vida eterna ou verdadeira: o Pai. E essa fonte jorra por um canal em três partes: o testemunho de Jesus, a morte na cruz e a ressurreição. São os três atos que criam a vida eterna nos seres humanos. A glória de Deus não são as vitórias, as conquistas, as riquezas dos reis. A sua glória consiste em dar vida plena.

Rogo por eles

No quarto Evangelho, Jesus nunca perde de vista a sua situação de princípio para os seres humanos, primogênito da criação, primeiro em quem se integram todos os seres humanos que procedem do mundo para regressarem a Deus. A segunda e terceira etapas da missão de Jesus significam uma mudança para os discípulos. Doravante estarão entregues a si mesmos na terra, entregues ao mundo e terão que renovar nas suas próprias vidas a trajetória de Jesus.

A oração usa o estilo teológico que pouco se presta às expressões efusivas dos sentimentos. Assim como Jesus pede para que o Pai leve a cabo a obra iniciada na sua própria existência, ele pede também que o mesmo suceda na vida dos discípulos. Contudo, sob a sobriedade da linguagem, ainda podemos pressentir a ansiedade do Mestre que sabe dos perigos e dos sofrimentos que os discípulos vão encontrar, e não pode deixar de expressar essa preocupação. Ele sabe que a prova é inevitável, que o Pai não abandona os seus. Contudo, a humanidade de Jesus se expressa pela preocupação. E a oração significa essa dupla atitude humana e cristã, essa mistura de preocupação e de confiança que faz a oração. Os anjos não devem ter necessidade de pedir, já que não têm nada para temer. Porém, os seres humanos, mesmo confiando, não podem deixar de temer. Daí essa linguagem da oração, irracional aos olhos dos filósofos idealistas e absurda aos olhos dos materialistas, porém indispensável à pessoa que ama, sabendo que é apenas uma criatura humana. O amor será sempre fonte de preocupação e de angústia, pois a pessoa tem consciência dos limites da própria capacidade e da capacidade da outra pessoa a quem ama. A confiança em estilo humano é a oração, a petição.

"(6) Manifestei teu nome aos homens que tirastes do mundo para dá-los a mim. Eram teus e me quiseste dá-los; e eles guardaram tua palavra. (7) Agora conheceram que tudo quanto me deste vem de ti, (8) porque as palavras que me deste, eu as entreguei a eles, e eles as receberam e conheceram ser verdade que eu saí de ti, e creram que tu me enviaste. (9) Rogo por eles; não rogo pelo mundo, mas pelos que me deste, porque são teus, (10) e tudo o que é teu é meu, e neles tenho sido glorificado. (11) Eu não estou mais no mundo, mas eles permanecem no mundo. Eu volto a ti. Ó Pai santo, guarda-os em teu nome, o nome que me deste, para que sejam um como nós. (12) Quando eu estava com eles, eu mesmo conservava-os no teu nome, os que me deste, guardei-os e nenhum deles se perdeu a não ser o filho da perdição, para que se cumprisse o que estava escrito".

Tudo procede de Deus, porém tudo recebeu autonomia e liberdade. O mundo em que todas as criaturas humanas foram lançadas é o teatro em que se resolve, no debate, o destino da criação. Todos foram lançados no mundo a fim de voltarem para o seu princípio. Nesse movimento se desdobra a glória do Pai. As pessoas foram dadas ao Filho não como objetos para sua própria utilidade, mas como objeto da obra do Filho para que neles, pelo Filho, aparecesse a glória do Pai. Tudo foi criado e manifestado no Filho e tudo há de voltar ao Pai pelo Filho. Assim, o Pai entregou tudo ao Filho.

O Filho já iniciou a obra de vida: "manifestei teu nome", "entreguei as palavras", "conservava-os", "guardei-os". O resultado dessa obra foi que os primeiros seres humanos tirados do mundo nasceram para a vida. O novo nascimento para a vida eterna traz vários nomes: "guardaram tua palavra", "conheceram que tudo vem de ti", "conheceram e receberam", "creram". Todas essas expressões são equivalentes e todas indicam a iluminação do espírito humano pela revelação do Pai. Quem foi iluminado por Jesus entrou no caminho da vida.

Tudo volta ao Pai. Porém, Jesus entra na segunda etapa: "eu volto a ti" (na etapa da cruz). A segunda etapa é a saída deste mundo. Os discípulos voltam também, mas estão ainda na primeira etapa. "Eles permanecem no mundo" até que essa etapa esteja consumada para eles também.

Jesus pensa na multidão das pessoas que saíram do Pai e hão de voltar para o Pai. Multidão tão numerosa que é impossível à imaginação humana fazer uma ideia dela. Porém, na mente de Jesus, essa multidão toma feições humanas e individualizadas nas pessoas dos discípulos que o acompanharam até as vésperas da cruz. Eles são os protótipos da raça nova, do povo renovado, chamado para a vida.

Apesar de todos os bens que receberam, apesar do caminho percorrido, alguns ainda podem cair, assim como caiu Judas, "o filho da perdição". Este caso mostra que a perseverança não é tranquila. "Guarda-os", pois o caminho é longo e árduo. "Rogo por eles, não rogo pelo mundo", diz Jesus. O que é o mundo? Estamos na teologia de João. O mundo há de se interpretar dentro da visão teológica do autor. Ora, na perspectiva de João, o mundo é um dos participantes do drama que constitui a História universal. Esse drama é semelhante a um julgamento. No julgamento, há duas partes adversas: Deus e o mundo, cada um defendendo a própria causa com argumentos próprios. Deus atua por meio dos seus intérpretes, que são as suas testemunhas, o seu Filho e os demais enviados pelo Filho. O testemunho envolve três atos: a palavra, o testemunho da cruz e a ressurreição, isto é, a obra de Jesus ressuscitado. Em face de Deus está o mundo. João não o define por meio de atributos positivos. O mundo é a totalidade da criação considerada naquilo que nela é oposição a Deus. Os seres humanos não são o mundo, mas estão no mundo. Por conseguinte, estão no meio do combate entre Deus e o mundo. Pois cada uma das pessoas deve definir a sua atitude, receber as palavras ou não as receber. O dilema é: ou salvar-se do mundo para voltar a Deus ou perder-se se não quiser voltar para o Pai. O mundo é o teatro no qual os seres humanos são enviados e chamados: entram para saírem. Porém, o mundo pode impedir esse movimento e afastar as pessoas do caminho reto. Diante de Deus, o mundo é o outro advogado ou, pelo menos, o adversário que o testemunho deve confundir.

Por isso, Jesus não ora pelo mundo. O mundo cumpre o seu papel. O mundo pode reter as pessoas a ele enviadas. Somente as pessoas podem ser chamadas para o Pai. Dentro da visão de João, o mundo é o campo de batalha, a multidão anônima, a matéria prima das obras humanas, o desafio. Se fosse possível salvar o mundo tal qual, a existência humana deixaria de ser um combate, a pessoa já nasceria no céu. Jesus não roga para que o Pai faça do mundo um vale de flores em que a pessoa possa descansar. O mundo será sempre o mundo, lugar de lutas, campo de batalha. A pessoa não está livre das provações. "Não rogo pelo mundo" quer dizer "não peço que o mundo deixe de ser o mundo e seja céu". Jesus pede pelas criaturas humanas. Ele próprio já atravessou esse mundo e glorificou o Pai. Agora, os discípulos têm que consumar a carreira e atravessar, ilesos também, o mesmo mundo.

As pessoas estão no meio do debate: de um lado, o mundo que as pode absorver, aprisionar e afastar da sua missão; do outro lado, a palavra do Pai, seu nome e sua glória. Os discípulos reunidos em torno de Jesus são os representantes típicos das pessoas que a palavra e o nome do Pai libertaram do mundo e colocaram no caminho da verdade. Trata-se agora de perseverar até o completo desenvolvimento da missão.

EU OS ENVIO AO MUNDO

"(13) Agora, porém, volto a ti, e falo isto ainda estando no mundo, para que participem plenamente da minha alegria. (14) Eu lhes comuniquei tua palavra e o mundo os odiou, porque não são do mundo, como eu também não sou do mundo. (15) Não te peço que os tires do mundo, mas que os guardes do maligno. (16) Não são do mundo, como eu não sou do mundo. (17) Consagra-os na verdade: tua palavra é a verdade. (18) Como me enviaste ao mundo, assim eu os envio ao mundo. (19) E, por eles, me consagro a mim mesmo a fim de que sejam consagrados na verdade".

Jesus insiste, deixando bem claro o que é que ele pede. Não quer que o combate seja dispensado, não pede que a luta seja suprimida. Jesus vive, morre e ressuscita para que as criaturas humanas tenham vida, mas essa obra não constitui propriamente uma substituição. Jesus não cumpre a tarefa para que as pessoas se livrem dela. Certas teorias apresentaram outrora a obra de Cristo como se ele substituísse o papel das pessoas, para que as pessoas nada tivessem a fazer e pudessem receber uma salvação consumada.

Jesus abre o caminho: não substitui, mas inicia o movimento. O caminho seguido por ele terá que ser adotado pelos discípulos. Ele próprio entrou no mundo com uma missão de testemunha, lutou com a palavra contra o mundo, prolongou a luta até a morte e, finalmente, não fugiu diante do sacrifício total, mas confiou na força de Deus que sabe ressuscitar os mortos e dar a vitória aos que foram aparentemente vencidos. Jesus soube lutar até aceitar a derrota e confiar no julgamento do Pai para vencer além da morte.

Jesus tornou-se a fonte onde todas as pessoas podem descobrir a própria capacidade de seguir o mesmo caminho. Ele não é a substituição desse caminho e sua vida, paixão e morte não dispensam ninguém de seguir a mesma trajetória. Jesus sacrificou-se a si mesmo para que todos se sacrificassem à verdade, e não para evitar o sacrifício das pessoas.

A palavra recebida pelos discípulos será fecunda e produzirá frutos. Não é nenhum dom material ou mágico capaz de salvar mecanicamente aqueles que a recebem.

Essa palavra é ativa. Quem recebe o nome do Pai recebe-o para a proclamação pública. A palavra torna-se testemunho. Jesus se fez testemunha pelo anúncio da mensagem do Pai. Do mesmo modo, os discípulos receberam a mesma palavra para prolongar e levar adiante a mesma missão de testemunhas. "Como me enviaste ao mundo, assim eu os envio ao mundo."

Se o testemunho de Jesus encontrou a rejeição do mundo, a condição de discípulos não será melhor. O mundo percebe que a palavra, a verdade coloca os discípulos à parte. O mundo sabe que a palavra o tornou livre e independente; que os discípulos já não são seres submissos que se deixam manipular pelo medo. O mundo percebe que os discípulos trazem em si mesmos um princípio novo que os torna independentes. O mundo percebe que os discípulos nada lhe devem; eles estão em contato com uma fonte que o mundo não controla. Essa fonte é justamente o Pai e a palavra do Pai, com a missão de serem testemunhas da palavra. À medida que os discípulos se referem a essa fonte, eles já não dependem mais do mundo, não procedem dele, não são "do mundo". Ou seja, eles não são reféns do mundo e nem se submetem radicalmente ao mundo. Essa liberdade atrai o ódio do mundo: rejeição àqueles que se proclamam independentes.

O mundo reconhece o perigo dos discípulos porque qualquer espírito de liberdade constitui uma ameaça. O mundo fica nas mãos das potências que o submeteram: potência da mentira, do homicídio, da corrupção, potência que dispõe da ajuda do poder político, da cultura, da religião. O mundo caiu na escravidão e toda liberdade representa para ele uma provocação. Por isso, Jesus foi morto. A palavra dele ameaçava a ordem e a tranquilidade do mundo. Foi julgado e condenado por ser a encarnação da subversão, por não aceitar o domínio supremo do mundo e das potências que o governam. O ódio do mundo levará os discípulos ao mesmo desenlace. Jesus não pede que as angústias da perseguição sejam poupadas aos seus discípulos: "não te peço que os tires do mundo". Pede apenas que a tentação não seja demasiado forte, que o maligno não possa prevalecer. Pede que a verdade permaneça neles até o final e que todos possam, além da provação final, chegar à plenitude da alegria. Pois ao momento da perseguição está próximo o momento da alegria.

Diante dessa oração de Jesus, podemos perguntar-nos se a História da Igreja não tem sido uma sucessão de esforços por parte de cada geração para evitar que as gerações seguintes tivessem que enfrentar outra vez as angústias do testemunho. Há uma tendência irresistível para buscar proteção, segurança, tranquilidade. Os pais que tiveram que lutar querem poupar os filhos dessas lutas. O que significam esses compromissos, essa política, essa diplomacia, esses tratados para que a Igreja possa atravessar a História com menos riscos, com mais sossego, para que as suas instituições possam gozar com estabilidade e continuidade? E quantas vezes as nossas orações não têm por objetivo pedir a Deus que nos livre do ódio do mundo e nos deixe sossegados? Inclusive as orações litúrgicas pedem a Deus a paz, a tranquilidade, a segurança. Não será isso a negação da oração de Jesus? Será que neste caso uma falsa piedade não estará ocultando uma incompreensão da vontade de Deus? Ou, mais ainda, uma fuga diante da missão?

Essa "consagração" de Jesus na verdade é a aceitação do caminho traçado por ela: manifestação pública, martírio público, vitória final além da morte pelo reconhecimento do Pai. Essa é a consagração que Jesus pede também para os discípulos.

POR TODOS

"(20) Não te peço somente por eles, mas também por todos aqueles que, pela sua palavra, hão de crer em mim. (21) Que todos sejam um. Como tu, ó Pai, o és em mim, e eu em ti, que eles sejam um em nós, e que assim o mundo creia que tu me enviaste. (22) Eu lhes dei a glória que tu me deste para que sejam um, como nós o somos; (23) eu neles e tu em mim, a fim de que sejam perfeitamente um, e o mundo conheça que tu me enviaste e que os amaste".

Além do punhado de discípulos que o rodeia, Jesus enxerga a multidão dos seus futuros seguidores. Jesus foi enviado a todos e a todos dará a palavra, o nome, a glória para que tenham a vida. Todos receberão a palavra não como um dom passivo, mas sim como missão. Todos aceitarão a missão de testemunhas do Pai aos olhos do mundo. Cada um, no seu lugar, será a presença de Jesus para que a palavra possa espalhar-se cada vez mais. Cada novo ponto alcançado se transforma num novo centro de irradiação da luz por uma repetição sem limite do próprio exemplo de Jesus.

Nesse sentido é que devemos entender a oração "que todos sejam um". Certas correntes aplicaram essas palavras ao chamado problema da unidade na Igreja. Seria uma referência à unidade dos discípulos na mesma Igreja ou, ainda, da unidade dos fiéis entre si. É possível que essa perspectiva da unidade dos fiéis não esteja totalmente alheia à mente do redator. Sem dúvida, Jesus interessou-se por esse problema. Porém, daí não podemos inferir que a preocupação com a unidade da Igreja esteja presente justamente neste texto. De qualquer modo, aliás, sempre é lícito dar a um texto uma nova aplicação, desde que o novo sentido que resulta da aplicação seja reconhecido como sendo perfeitamente ortodoxo.

A unidade de que se trata aqui está muito bem explicada no contexto e por várias vezes. "Como tu, ó Pai, o és em mim, e eu em ti". A unidade que Jesus pede é semelhante à unidade existente entre o Pai e o Filho. Ora, o Pai e o Filho são um, porque o Filho recebeu do Pai a glória, o nome, a palavra; porque saiu do Pai e volta para o Pai, dando-lhe glória. O Filho glorifica o Pai e o Pai glorifica o Filho. Tudo o que Jesus faz procede do Pai e volta para o Pai. O movimento de ida e volta – perfeitamente concluído – constitui essa unidade dinâmica entre o Pai e o Filho.

Jesus quer que cada pessoa entre nessa unidade, que cada uma em particular e todas em geral sejam uma só pessoa no Pai e no Filho, como o Filho realizou a unidade. Como é que se reproduz essa unidade? Cada discípulo novo receberá do Pai, pelo Filho, a glória, o nome, a palavra. Esse dom será para ele uma investidura. Ele não o receberá como objeto passivo e sim como missão no meio do mundo. A volta ao Pai passa pelo caminho do Filho: o testemunho, o martírio e a ressurreição. Ser "um" com o Pai e o Filho, "um" no Pai e no Filho, consiste em proceder do Pai e voltar ao Pai exatamente como Jesus o fez. Assim haverá coincidência perfeita entre o discípulo e o Filho. A unidade consiste na renovação do mesmo caminho de ida e volta em todos os discípulos.

A participação de todos nessa forma de unidade com o Pai e o Filho cria um tipo específico de comunidade. Porém, não parece que essa unidade horizontal seja o centro de interesse da oração de Jesus.

A unidade que Jesus pede será o meio para o mundo conhecer a revelação do Pai. Ora, o que permite identificar a revelação do Pai? Será a comunidade ou a unidade horizontal dos cristãos? Não parece ser isto. Dentro do nosso contexto, o motivo da transmissão da revelação do Pai está no fato de que o discípulo se identifica com o Filho. Se o discípulo revive exatamente a vida de Jesus, todos poderão reconhecer nele a presença do Filho e, pela presença do Filho, a presença do Pai. Cada discípulo será um novo Filho revelador do Pai em todos os lugares do mundo. A unidade perfeita do discípulo com o Pai e o Filho faz com que o mundo "conheça que tu me enviaste e que os amaste". Graças a essa unidade, as pessoas vão perceber num só olhar a totalidade do plano da palavra de Deus: a missão do Filho e a missão dos discípulos, unida a essa missão do Filho.

Neste ponto da leitura, chama-nos a atenção a segunda preocupação que inspira a última oração de Jesus. Já dissemos da preocupação com os riscos e os perigos dos discípulos. Agora constatamos também a preocupação de Jesus com o porvir da própria obra. Ele sabe que a sua mensagem não será conhecida e que a sua obra não alcançará a humanidade se os discípulos não forem fiéis. Que todos sejam "um": tão unidos ao Pai como ele o foi; senão, tudo terá sido em vão. A encarnação limita as possibilidades do Filho. Fica impossibilitado de atingir muitas pessoas, apenas um pequeno núcleo. O que são, diante do "mundo", os discípulos reunidos para as últimas instruções?

Jesus, como todos nós, experimenta a limitação da natureza humana. Cada um atinge uma porção muito pequena da realidade durante pouco tempo. Consequentemente, Jesus sente também como todos nós o desejo de que a ação limitada que ele pode realizar pessoalmente seja prolongada e reassumida por outros. Transfere as suas esperanças aos discípulos que devem ampliar a obra iniciada. Pois a divindade não faz a humanidade desaparecer, e os próprios sentimentos humanos de Jesus foram aproveitados nos desígnios do Pai.

Última resistência

"(24) Pai, aqueles que me deste, quero que onde eu estiver aí estejam também, para que contemplem minha glória, aquela glória que me deste por me teres amado antes da criação do mundo. (25) Pai justo, o mundo não te conheceu, mas eu te conheci, e estes também conheceram que tu me enviaste. (26) Fiz-lhes e lhes farei conhecer teu nome para que o amor com que me amaste esteja neles e também eu esteja neles".

Esta oração de Jesus multiplica as variações do mesmo tema. Pede que os discípulos sejam "um", quer dizer, que estejam estreitamente unidos a Jesus. Pois o mundo divide-se pela palavra de Cristo em duas partes: aqueles que reconhecem a palavra e os outros. Quem aceita a palavra conhece o Filho e também o Pai, assim como o próprio Filho conhece o Pai. Aliás, conhecer Jesus é conhecer que ele foi enviado pelo Pai, portanto é conhecer, num só ato, quem envia e quem foi enviado. Quem conhece o Pai conhece o nome e pode contemplar a glória. O amor do Pai permanece nele, aquele amor do Pai pelo Filho.

A oração termina com uma insistência particular sobre o tema do amor do Pai, origem de toda a História e última palavra de todos os acontecimentos. Como é que se pode pedir que o amor ame? Não é de sua natureza? Será necessário pedir a Deus que ame? Por acaso não o faz sem necessidade de chamar a atenção? Sem dúvida. Porém, o único conteúdo de todas as orações é sempre o mesmo: pedir ao Pai que faça exatamente o que ele faz irresistivelmente. Pois o Pai não precisa das nossas orações para atuar, mas nós mesmos precisamos da oração para aceitarmos o amor do Pai.

O amor envolve tudo. A palavra de Deus revela o seu amor, e esse amor não é nem depósito, nem objeto de pura contemplação. Ele é irradiação no lugar em que conseguiu se tornar presente.

Desse modo, Jesus concentra num olhar a totalidade dos movimentos que agitam a humanidade. Ele não desconhece o drama diário; ao contrário, sabe muito bem que os dramas procedem desse confronto permanente entre o dinamismo do amor do Pai – lembrado nessa oração – e o mundo. Quem participa da vida deste mundo sabe que, à primeira vista, o mundo parece totalmente alheio à realidade de que Jesus fala. Tão alheio que, durante gerações, os cristãos acharam que não havia outra possibilidade de ser fiel ao nome do Pai a não ser fugindo para longe do mundo. O mundo era para eles radicalmente impermeável. Não deixava passar nada das palavras de Jesus. E ainda hoje todos os cristãos sentem que é preciso retirar-se periodicamente para não ser sufocado. A vida do mundo constitui um tecido de atividades tão entrelaçadas que a palavra de Deus não consegue infiltrar-se. Querer preparar aberturas nesse tecido exige paciência, confiança e capacidade de recomeçar indefinidamente.

O mundo, aparentemente, não deixa lugar para a entrada de elementos novos. A cultura, a política, a economia, a arte, tudo está fechado. Nada precisa de palavras do Pai para funcionar.

Nisso a diferença não é muito grande entre a sociedade de outrora e a sociedade atual. A sociedade de então, a dos judeus ou a dos romanos, não precisava de Jesus. Tanto os romanos como os judeus perceberam a palavra de Jesus como uma intromissão indevida, inútil, perturbadora. Tudo funcionava muito bem sem ela e começou a passar por um processo de subversão desde então.

O mundo não é mau. Sendo criatura de Deus, não pode ser mau. Porém, o mundo permanece indiferente e fechado; opõe-se ao amor do Pai pela indiferença. Não há lugar previsto para esse fator novo.

Diante dessa situação aparentemente insuperável, os discípulos passam pela tentação do desânimo. Essa tentação é a tristeza da monotonia. O mundo está em nós mesmos e a resistência do mundo manifesta em nós mesmos aquela inércia que constatamos fora. A tristeza resulta da aparente inutilidade do combate. A transformação é lenta e progressiva, sem proporção com a intensidade dos desejos.

A tristeza procede da solidão da pessoa sobre o desgaste da luta cotidiana. A tristeza invade a pessoa como as nuvens invadem o céu ou a chuva penetra a terra, substituindo a luz pela escuridão. A tristeza é mais perigosa do que os inimigos exteriores porque aos poucos ela lhes abre todas as portas.

Se o mundo se manifestasse somente em algumas circunstâncias solenes de perseguição, poderia ser mais tolerável a luta. Porém, o mundo é aquela rotina estruturada, a inércia estruturada, a repetição dos mesmos erros e das mesmas fraquezas. Na maior parte das vezes, o ódio do mundo ao qual Jesus se refere não é cruel, e sim frio. Como não crer que tudo isso é ilusão? Não será resto de mitologia da infância? A vida não consiste em abandonar pouco a pouco os mitos da infância para entrar no realismo dos adultos e constatar aos poucos que não há nada que se possa sonhar ou imaginar na vida, que simplesmente não há nada, a não ser aquela rotina, atualmente um pouco mais cheia de tecnologia, mas sempre aquela rotina que não desemboca em nada? Por acaso as ciências não dizem que tudo funciona sem sentido, que tudo se explica perfeitamente sem necessidade de fins, nem de valores? Cada um de nós não o experimenta constantemente? Essa tristeza, a pessoa comum não a tem, porque ela adaptou os seus projetos ao realismo do mundo tal como ele é. A tristeza é própria do discípulo de Jesus porque este percebe essa discrepância entre o realismo do mundo e a utopia das esperanças, entre a missão e o campo da missão.

Por causa dessa tristeza é que Jesus ora. No discurso anterior, ele colocou a oração no contexto da tristeza: "Em verdade, em verdade vos digo: chorareis e gemereis ao passo que se alegrará o mundo. Vós estareis na tristeza; mas vossa tristeza se converterá em alegria" (Jo 16,20); "agora estais tristes; mas tornar-vos-ei a ver e alegrar-se-á vosso coração e ninguém vos poderá tirar vossa alegria" (Jo 16,22); "até agora, nada pedistes em meu nome. Pedi e recebereis, para que vossa alegria seja completa" (Jo 16,24).

Pedir o quê? Pedir alegria, pedir que a tristeza não seja a mais forte. Eis o que Jesus pede. Pede-o naquele momento para que os discípulos façam o mesmo mais tarde na sua hora, quando se aproximar, no destino de cada um, a hora da tristeza.

A alegria voltará então porque a presença do Filho se tornará, de novo, perceptível e dissipará as trevas. Essa volta de Jesus não consiste em experiências místicas. O próprio Evangelho indica os modos de presença de Jesus no meio dos discípulos: o serviço mútuo, o amor ao próximo. A experiência dessas obras constitui a prova concreta da presença viva e ativa de Cristo. Essa é a experiência que se pode averiguar nas comunidades dos discípulos: experiência visível nas comunidades de base em que os pobres dos subúrbios descobrem a revelação da caridade e manifestam visivelmente a eficácia das obras do Pai.

Essas são as experiências que sustentam a esperança, confirmam as promessas e consolam a tristeza. Todos precisamos de sinais de presença. Eles não faltam no mundo de hoje, ainda que nem sempre se encontrem nos lugares em que espontaneamente se esperava. São as respostas do Pai à oração dos discípulos: "se pedirdes alguma coisa a meu Pai, ele vo-lo dará em meu nome" (Jo 16,23). O Pai dará os sinais que afastam a tristeza e infundem a alegria. O Pai não deixa os seus definitivamente abandonados, nem entregues a uma agonia contínua. Não é somente a outra vida que podemos pedir-lhe, mas também uma presença no meio desta vida. A volta de Jesus na Igreja não se reduz a uma presença mística, nem a uma presença sacramental, nem a uma presença metafísica em forma de disposição permanente. A volta de Jesus, sobretudo no sentido do discurso após a ceia, se dá nesses sinais visíveis da sua presença pela eficácia prática ou pela demonstração ativa da caridade. Se o pedirmos, o Pai no-lo dará.

Vem, Senhor Jesus

"O Espírito e a Esposa dizem: Vem!" (Ap 22,17). O Livro do Apocalipse mostra-nos a resposta ao convite de Jesus, a oração dos discípulos imitando a oração do mestre.

No meio dos debates e dos combates com o mundo, no meio da tristeza, levanta-se o apelo à alegria. Apelo que o Espírito inspira. Pois é o Espírito que inspira o grito: "Vem, Senhor Jesus". Esse é o grito da esposa, da Igreja, do povo de Deus. Assim se manifesta o alcance supremo das núpcias profetizadas no último dia da criação, quando Deus criou o esposo e a esposa unidos pelo amor. O amor encontra a sua revelação suprema na união de todo o povo de Deus com o Filho. Concretamente, o amor suscita entre os discípulos esse desejo de ver a volta do esposo nas manifestações da caridade. Ele espera a presença do Cristo em obras visíveis, em que o seu rosto autêntico se torna perceptível na caridade prática dos nossos atos.

"Vem, Senhor Jesus". O apelo não busca, em primeiro lugar, a parusia do fim dos tempos, nem a manifestação individual após a morte de cada cristão, nem a vida sacramental, nem a vida em estado de graça. Tudo isso vale, mas não consola o discípulo entristecido em meio à tribulação do mundo. Tudo isso não restitui a alegria agora. Jesus prometeu algo mais. Prometeu reaparecer visivelmente em pessoas e situações concretas. Tanto a História do passado quanto a experiência do presente mostram que a espera não foi frustrada. A alegria voltou, e o Senhor Jesus veio.

ÍNDICE

PREÂMBULO		5
I.	"MAS, O QUE TU QUERES"	7
	Vigiar	7
	Pavor e tédio	21
	Não o que eu quero	26
	O que tu queres	33
II.	"POR QUE ME ABANDONASTE?"	37
	Abandono	38
	A derrota	43
	Abandonado por Deus	46
	A esperança na ausência	50
III.	"EU TE BENDIGO, PAI"	57
	Admiração	57
	Reconhecimento	61
	Os simples	66
	Revelação	69
	Oração de louvor	73
IV.	ORAÇÃO PELO UNIVERSO	75
	No centro do universo	77
	Oração	80
	Glorifica teu Filho	83
	Rogo por eles	86
	Eu os envio ao mundo	90
	Por todos	94
	Última resistência	97
	Vem, Senhor Jesus	102